POLÍTICA

Dados Internacionais de Catalogação na Publicação (CIP)
(Câmara Brasileira do Livro, SP, Brasil)

Política : nós também sabemos fazer / Clóvis de Barros Filho... [et al.]. – Petrópolis, RJ : Vozes, 2018.

Outros autores: Viviane Mosé, Eduarda La Rocque, Oswaldo Giacoia Junior.
ISBN 978-85-326-5738-1

1. Democracia 2. Ética 3. Política I. Barros Filho, Clóvis de. II. Mosé, Viviane. III. La Rocque, Eduarda. IV. Giacoia Junior, Oswaldo.

18-12994 CDD–320

Índices para catálogo sistemático:
1. Política 320

Sumário

Prefácio – Quixotismo necessário!, 7
  Mario Sergio Cortella
1 O que é política?, 11
  Clóvis de Barros Filho
2 O poder e as redes, 39
  Viviane Mosé
3 Democracia e informação, 87
  Eduarda La Rocque
4 Ética e política, 139
  Oswaldo Giacoia Junior

1
O que é política?

Clóvis de Barros Filho

Política é o estudo do exercício do poder do Estado? Ou é o próprio exercício desse poder? É uma ciência ou seu objeto? É atividade de profissionais que pretendem exercer ou exercem os poderes do Estado em nome do resto da sociedade? Ou é o que a sociedade gostaria que fizessem?

Haverá política fora do Estado? Numa empresa privada, por exemplo? Na família? No casal? Será uma estratégia? – "Essa não é a melhor política para convencer o chefe". Será mera busca pelo poder? – "Resolvi sair de lá porque tem muita política". Será o bem comum? – "Elegeu-se e procurou fazer o melhor para todo mundo enquanto esteve lá". Será o mal comum? – "Um país onde os políticos ditam a pauta é um país em ruínas". Será desprezo por bandeiras coletivas? – "Ao invés de continuar lutando pela causa, ele só pensava em política". Será a defesa dessas bandeiras? – "Ele abraçou a política e fez da liberdade do seu povo seu único ideal". Será incompetência? – "O ministro não foi escolhido por critérios técnicos, mas políticos". Será sabedoria? – "No congresso nada mais o surpreendia. Décadas de atividade legislativa. A política fluía sem nenhum esforço". Será uma profissão? – "Ele sempre viveu disso. É político de carteirinha". Será uma vocação? – "Ele faz política desde que se entende por gente". Será um vício moral? – "Pessoas de bem não se metem em política". Será traição? – "Ele viu que ia se dar mal. Só tinha politicagem". Será astúcia? – "Ele é macaco velho. Uma raposa. Fala o que o povo quer ouvir". Será hipocrisia? – "Político que é político finge que lembra das pessoas, faz carinho em criança, abraça o idoso, simula estar rezando..." Será apenas uma editoria jornalística, como economia, cidades e internacional?

Não há dúvida. Trata-se de palavra com muitos significados. Todos eles em circulação no espaço público, bem como nos mais diferentes campos sociais. O que política quer dizer não é neutro ou indiferente. Por isso é objeto de luta. O seu sentido legítimo – é preciso troféu para muitos agentes sociais cujas práticas e estratégias dependem desse entendimento.

O profissional da política luta para esconder a dimensão propriamente interessada de suas assertivas, falando sempre em nome dos supostos interesses de outros, por ele representados. Cientistas lutam para jogar a luz sobre os mecanismos de dominação política, desconstruindo discursos e denunciando os verdadeiros interesses de seus porta-vozes. Repórteres lutam por informar fatos ainda não noticiados, buscando

Prefácio
Quixotismo necessário!

Mario Sergio Cortella

> *A liberdade, Sancho, é um dos dons mais preciosos que aos homens deram os céus: não se lhe podem igualar os tesouros que há na terra, nem os que o mar encobre; pela liberdade, da mesma forma que pela honra, se deve arriscar a vida.*
> CERVANTES. *Dom Quixote de la Mancha*, livro II.

Quixotesco, entre nós, tem sido sinônimo de pessoa sonhadora, romântica até, chegando a ser adjetivo para quem pareça combater "moinhos de vento" e, portanto, aproxime-se da inocente alienação.

O uso desse epíteto, quixotesco, tem efeito danoso quando serve para erodir a crença das pessoas que livremente pensam e agem para que todas e todos possamos livremente pensar e agir, sem esquecer que o fazemos e o faremos em comunidade de vida!

Para que se interessar por política? Para que querer nos interessar por política? Para que facilitar em nós a reflexão deliberada sobre como nos conduzimos e como nos conduzem? Para que escavar o conceito de política, a essencialidade da ética, as arquiteturas do poder e a salvaguarda da democracia? Para dificultar ou, inclusive, impedir que os liberticidas tenham mais um sucesso, pois, além de desqualificar a política (pela fratura ética), conseguiriam derrotar nossa esperança ativa, pelo desânimo e descrença.

É preciso a formação de uma "quadrilha do bem", como a deste livro, que exale e inspire um viés quixotesco para proteger e cuidar com competência de um dos nossos "dons mais preciosos": a liberdade!

Quixotismo, e dos bons! Um quixotismo que serve para honrar a necessidade de não desistir e nem se acovardar com as circunstâncias da imundície que ainda (mas não para sempre!) encharca a prática de variadas gentes que degradam as comunidades de vida.

Como as pessoas já nascem livres, mas uma parte imensa não consegue exercer essa liberdade com exuberância e completude durante a sua existência individual, o esforço mais decente que podemos fazer é persistir na lida, de modo consciente e vigoroso, para que essa restrição e miserabilidade política não prossiga.

Tal empreita, com a decência como fonte e horizonte, não pode, claro, ser feita apenas como força de vontade; carecemos de maior perícia conceitual e exemplar, de maneira que nossa energia e disposição não se esgote em ser bela intenção e realização precária.

Por isso, a leitura e estudo deste livro nos apoia na direção de fazermos melhor o que melhor podemos fazer, um "melhor" esclarecido, meditado, robusto e, acima de tudo, coletivamente eficiente.

Política é a presença enérgica de cada pessoa na vida comunitária; por isso, *fazer política*, em vez de somente receber política, é o caminho mais humanizante.

Como democracia não é ausência de ordem, mas, de fato, ausência de opressão, temos de, pela política, edificar um ordenamento da vida coletiva que afague e nutra as liberdades, com o envoltório de uma ética na qual o poder esteja ocupado em servir essa vida no lugar de servir a si mesmo.

Aí sim, por essa causa, *"se deve arriscar a vida"*, sem desperdiçá-la...

furos jornalísticos e apresentando-os de forma mais atrativa. Empresários lutam por convencer o mundo de que são vítimas de uma tributação excessiva que os penaliza e os torna, por isso, menos competitivos e eficazes. Como você vê, é normal que cada um deles recorra a um certo entendimento de política que lhe seja conveniente.

Em meio a tantas possibilidades semânticas começo pela política como um produto da mídia. Porque me sinto à vontade. Afinal, depois de 30 anos em faculdades de comunicação, a preferência se justifica. Na sequência falaremos de soberania decisória e complexidade. Por último, de conflito. O cardápio certamente poderia ser outro. Mas o repertório do cozinheiro é limitado. E esse é o menu do dia.

Produto da mídia

Política é palavra de todo dia. Na mídia jornalística é categoria que recorta a realidade em editorias. Repetida, portanto, em todos os jornais, ao lado de economia, esportes, cidades, cultura etc. Sua importância se traduz em mais páginas e segundos televisivos. E sua presença na agenda pública cresce paralelamente. A despeito da pulverização de relatos e opiniões ensejados pelos novos meios digitais, os temas mais recorrentes nas pautas jornalísticas ainda estruturam a agenda pública, autorizando interações a partir de assuntos de conhecimento presumido por qualquer um.

Fio da navalha para professores e autores de textos introdutórios sobre o tema. Seja qual for a mensagem, encontrará por parte do receptor – aluno ou leitor – algum entendimento sobre o assunto. Expostos às mesmas mídias, um senso comum vai se consolidando diariamente – sob a forma de repetição litúrgica – ao sabor do acaso das ocorrências e do trabalho propriamente jornalístico de conversão seletiva da realidade em notícia.

Além da produção dos editores, repórteres, editorialistas, colunistas e articulistas, são convocados, para preencher espaços impressos de prestígio, bem como programas especializados de TV e rádio, cientistas políticos, sociólogos, filósofos, historiadores, juristas, com indiscutível legitimidade conferida por títulos e postos ocupados em suas universidades, centros de pesquisa e tribunais.

Pautados pela mídia especializada, participam de um troca-troca de favores simbólicos onde todos saem ganhando. Um autêntico matrimônio de conveniência ou casamento por interesse. Os profissionais da mídia especializados em política se servem e – naquele momento – apropriam-se do capital acumulado desses especialistas em seus espaços de produção e circulação. Os mais performáticos tornam-se assíduos colaboradores. Seus pontos de vista bem conhecidos. Suas falas, previsíveis. Permitindo ao apresentador fazer dizer – com toda a força consagradora de porta-vozes higienizados pela distância do jogo e de seus troféus – o que tem de ser dito.

Em contrapartida, esses especialistas investem calculadamente em sua notoriedade com a chancela consagradora de uma exposição que transcende seus espaços corriqueiros de visibilidade. Por que calculadamente? Quanto menos especializada a programação e, portanto, mais heterogêneo seu público, maior o risco para a imagem do porta-voz e suas pretensões. Seus campos de origem serão – uns mais, outros menos – ciosos da pureza da manifestação de seus agentes.

Para não parecer um chato invejoso a cutucar os que brilham e denunciar suas verdadeiras pretensões, lembro-me de participação minha num programa matutino em televisão aberta de grande audiência. Colegas professores e alunos, avisados por eles mesmos, esperavam minha fala perante a TV da lanchonete, contígua ao centro acadêmico. Falei sobre a relação – ou a falta de – entre agir honestamente e se dar bem na vida.

Imediatamente após a minha fala, mutilada pela intervenção dos demais participantes convidados, uma conhecida cantora de *funk* se apresentou. Com suas danças típicas, seus meneios sensuais, um ritmo bem-marcado e uma letra que dispensava maiores esforços de interpretação. Para ser reconhecido na rua, minha participação foi supereficaz. Em contrapartida, na reunião subsequente dos coordenadores dos programas de pós-graduação *stricto sensu* da minha área, os comentários não foram exatamente de enaltecimento.

Para o grande número que apenas assiste, maioria de não iniciados, meros receptores e espectadores, fica a certeza de que se tanta gente importante, todos os dias, ocupa postos legítimos de fala e aceita chamar de política aqueles temas em discussão, como não acreditar? Por que não acreditar? Mais ainda, de que adiantaria não acreditar? Se na hora de conversar com quem quer que seja, todo mundo estará falando da mesma coisa.

Assim, um texto introdutório como este que você me dá a honra de ler, bem como uma aula de graduação sobre política, sempre encontrará pela frente alguém minimamente armado com saberes que a agenda pública exigiu dominar para poder enunciar ao interagir.

O mesmo pode não acontecer em outros campos do conhecimento. É comum que o trabalho de atribuição de sentido tenha de ir mais longe, mobilizar referências menos imediatas.

Lembro-me de quando ouvi falar pela primeira vez em ligações peptídicas, lei dos cosenos, butanos e logarítimos. Pobres professores. Tiveram que me fazer entender tudo isso em função do descobrimento do Brasil, da divisão celular em membrana, citoplasma e núcleo, de uma claudicante tabuada e dos afluentes da margem esquerda do Rio Amazonas. Alguns deles tentaram em vão. Outros sequer se deram ao trabalho. E assim, permaneci vazio de sentido, em cognição virginal.

Um olhar de fora

Com política a conversa é outra. Não há quem não tenha ouvido falar. Toda reflexão conflitante ou problematizadora do senso comum coloca o interlocutor em alerta. O aluno ou leitor mais perspicaz se dá conta de que o mero recuo ou distanciamento momentâneo do senso comum lhe faculta renovadas interpretações. Olhar de fora tudo o que é dito ajuda a visualizar as posições de fala, o que está por trás dos argumentos apresentados e até mesmo a circulação dos afetos que patrocinam os discursos mais apaixonados.

Assim, entender as regras do jogo político implica deixar de ser torcedor por um instante. Atribuir valor às diferentes estratégias requer consciência dos verdadeiros troféus. Do que, de fato, está em disputa. Ir além do amor ou ódio pelos porta-vozes exige pensar na profissionalização da política, jogo disputado por iniciados, que vivem disso e para isso.

Esse olhar de fora também permite analisar as condições propriamente jornalísticas de conversão de um fato político em notícia. Entender que o jornal é apenas um mundo possível entre tantos outros mundos possíveis jogados no lixo da reunião de pauta. Perceber que aquilo que chamamos diariamente de política talvez seja o resultado da intervenção de agentes de outros campos sociais, ávidos por lances espetaculares, jogadas de efeito, para poder exibi-las, comentá-las, aplaudi-las ou ridicularizá-las.

Mas se esse olhar de fora nos garante alguma lucidez reflexiva, uma perspectiva menos ingênua sobre tudo o que diz respeito à política, a participação no espaço público exige muita concordância com o entendimento de todos, com o tal senso comum. Por isso, impossível não falar do olhar de dentro.

Olhar de dentro

De acordo com o senso comum – consagrado na produção diária de notícias –, política tem a ver, em primeiro lugar, com a eleição de governantes e legisladores – o que compreende todas as articulações inerentes ao mercado eleitoral como definição de candidatos pelos partidos, possíveis alianças, análise dos resultados das pesquisas de opinião etc.

Em segundo lugar, política também quer dizer todo trabalho das autoridades de Estado na gestão da coisa pública, legislando, administrando e julgando. Nos últimos anos, um aspecto específico dessa pauta ganhou destaque a ponto de eclipsar o resto: iniciativas criminosas em busca de ganhos ou vantagens desautorizadas pela sociedade e suas leis.

Dessa forma, ao ouvir falar em política imediatamente lembramos de presidentes, governadores, prefeitos, deputados, senadores, ministros e, mais recentemente, juízes, promotores, procuradores, desembargadores e ministros de tribunais. Acrescente-se os agentes do capital privado flagrados em iniciativas de "convencimento" dos primeiros a teses que lhes sejam vantajosas, mediante contraprestações de todo tipo.

Será que esse entendimento de política – que se confunde com o próprio Estado, sua estrutura e funcionamento – é o único possível? O mais rico? A quem poderia interessar concepção tão restritiva?

Participação de todos

Se considerássemos a palavra política enquanto adjetivo, ou atributo, teríamos forçosamente que lhe atribuir um sentido mais amplo. Da mesma maneira que o adjetivo "amargo" clama por um substantivo – como chocolate ou café –, mas não aceita outro como sofá, o adjetivo "político" ou "política" também é atributo de certas substâncias, mas não de outras. Para respeitar a origem da palavra teríamos de passar em revista tudo o que diz respeito à pólis, à cidade. Lista longa, por certo.

Assim, toda instituição cuja atuação interessa à pólis seria política, todo discurso de porta-voz legitimado pela pólis também seria político; o mesmo para todo representante ou candidato a governante na pólis, toda notícia que interessasse à pólis, todo grupo que pretendesse discutir o que é melhor para a pólis, todo livro que falasse da pólis... Perceba a extensão desses exemplos. Muito mais amplo do que diariamente é chamado de política pelos meios e seus consumidores.

Um conceito estendido, portanto. Que vai além do Estado e da atuação dos profissionais da política. Que implica mais gente. Todo mundo, a rigor. Assim, não se trata só de estar a par dos feitos e malfeitos das autoridades, aplaudir ou vaiar.

Porque política é mais do que representação, do que instituições; transcende os três poderes, seus detentores, palácios e praças. Requer participação de todos os cidadãos. Afinal, toda pólis é o que quer ser. O que vai sendo deliberado por seu povo soberano.

Nenhuma forma de organização política ideal – proveniente de algum mundo transcendente suspenso entre o céu e a terra – submete a vontade livre de gente de carne e osso, que vai aprendendo aos poucos onde quer chegar e por quais caminhos.

Autonomia para decidir

No *Discurso sobre a origem da desigualdade entre os homens*, de clareza invejável, leitura a mim sugerida pelos professores Dalmo Dallari e Antoine Garapon em momentos distintos da minha vida universitária como estudante, Rousseau observa que um gato é vítima do seu instinto e, portanto, não comeria cereais mesmo que estivesse faminto. O mesmo aconteceria com um pombo em relação a um pedaço de boa carne.

O autor, com esses exemplos, parece querer dizer que nossa diferença em relação aos outros animais seria essencial, e não apenas de grau. Em outras palavras: não seríamos apenas um pouco mais inteligentes ou um pouco mais competentes em converter a realidade em símbolos do que eles. Seríamos, sempre segundo Rousseau, dotados de algo exclusivo: a possibilidade de ir além da nossa natureza, transcender nossos instintos. Seríamos seres de vontade. Essencialmente.

Assim, nossa vontade falaria ainda, mesmo se nossa natureza se calasse. De forma soberana, deliberamos sobre a vida. Em momentos e situações que nossa razão prática pode ponderar e nossa ação resultar dessa ponderação. Não se trata de negar qualquer natureza humana, como farão mais tarde os existencialistas. Mas ter a consciência de que dispomos de muito mais do que ela para viver.

O mesmo valeria para as interações. Os formigueiros, os cardumes, as manadas e matilhas são espaços inexoráveis de convivência. Esta se encontraria programada pelo instinto de seus membros. Uma formiga trabalhadora executará suas tarefas, e ponto. A sustentabilidade das relações seria, nesse caso, absoluta. Foi, é e será sempre do mesmo jeito. Se há mudança é por intervenção externa ao meio. Não passaria pela cabeça de nenhuma delas uma revolução que redefinisse princípios de convivência. Pelo menos segundo Rousseau. Que pelo visto conhecia melhor a cabeça dos animais do que eu.

Entre nós não seria assim. Nossa natureza não esgotaria nossas necessidades para interagir. Cabendo aos membros de qualquer coletivo decidir sobre as condições da convivência, sobre o permitido e o proibido, sobre a quem caberá bater o martelo, sobre requisitos de competência a preencher, regras a respeitar, princípios a seguir, com quem mais deliberar, em que prazo anunciar sua decisão, extensão territorial a circunscrever, intervalo de tempo a incidir...

Em suma, caberia a todos a decisão sobre as condições do exercício do poder. De qualquer poder. Em qualquer âmbito. Já que as vidas ali dependem disso e as decisões – todas elas aparentemente fundadas e razoáveis – podem produzir impactos numa direção ou na direção contrária, atender aos interesses de uns ou de outros, satisfazer as pretensões desses, e não daqueles.

Rousseau nos ensina que o gato, uma vez gato, está com a vida de gato ganha. Não poderia fugir dela. Não quer. Não cogita. E para viver como gato é só deixar a vida levá-lo. O que para ele não é uma opção. Muito menos um dever. Mas uma necessidade. No nosso caso, a todo instante, a vida parece menos pronta. Menos predeterminada.

Dependendo muito do que decidirmos fazer dela. Vida que vai sendo vivida no tempo real das decisões. No ineditismo de cada passo pensado.

Essa mesma indeterminação da vida de cada um de nós persistiria nos nossos coletivos: nas organizações de todo tipo, bem como nas nossas cidades, pólis. Não havendo muita coisa pronta, quase tudo estaria por decidir. No ritmo da vida de carne e osso de seus agentes, habitantes, cidadãos.

Tal como acontece nas decisões da trajetória de cada um, as formas de organização das interações nos espaços da pólis são muitas. Os caminhos a percorrer, portanto, contariam – a cada instante e a partir de cada ponto – com 360 graus de possibilidades. Resta começar a marcha. Ir andando. Dar o primeiro passo. Seguido do segundo. Ulysses Guimarães, poético, presidindo a Assembleia Nacional Constituinte, falava em navegar. Qualquer trilha pronta seria miragem. Mera ilusão, para perplexos ou medrosos, ante à infinitude do universo.

Marco fundador

Quando uma sociedade resolve dotar-se de uma constituição, decidirá por completo como tudo vai rolar. Trata-se de um marco fundador. Como se nos reuníssemos todos para nos convidar a viver juntos, a partir de então. Se as decisões couberem a representantes eleitos, como aconteceu no Brasil entre 1986 e 1988, esses terão – em nome de quem os elegeu – completa autonomia para definir caminhos, regras, objetivos etc.

É o que os juristas chamam de poder constituinte originário. Porque as decisões serão tomadas do zero. Nada pode limitá-las. Nada pode constrangê-las. Nada pode condicioná-las. Deputados e senadores eleitos pelo povo poderão em seu nome fazer constar o que bem entenderem no texto constitucional.

Os agentes políticos, e aqui eu me refiro a todos os cidadãos, são soberanos para decidir sobre o que importa e o que não importa, o que vale mais e o que vale menos, sem nenhuma verdade transcendente a eles para cerceá-los.

Sua índole originária e fundadora marca uma ruptura simbólica com o passado. Um virar de página. Colocando um termo ao imediatamente vivido. Escrever uma nova constituição é deixar claro, com estardalhaço, que as coisas vão mudar. Que a sociedade é outra. Que se organizará diferentemente. Que a vida de todos ali não será a mesma.

Recursos litúrgicos – como jurar com a mão direita posta sobre o texto – conferem ao ato um poder simbólico de inaugurar uma nova era. A certeza de que no lugar de "mais do mesmo", vamos lidar com o inédito, com o nunca antes vivido e convivido.

Assim, a Constituição de 88 rompe com os 24 anos que lhe precedem. Coloca-os entre parênteses. Como um hiato da história. A esquecer e a não repetir. Ao admitir que a fundação de um novo ordenamento jurídico não encontra fundamento nele próprio, reconhecemos que um ato de violência inaugural fora da lei está na gênese dela própria. A partir desse ato fundador, nem o céu é o limite. Tudo está em aberto e por definir.

Uma vez promulgada a Carta Magna, resta governar, legislar ordinariamente, dar recheio, por assim dizer, ao arcabouço jurídico superior definido na Constituição.

A gestão da coisa pública esbarra em dificuldades de todos os tipos. Uma delas é de índole ética. Conflito recorrente entre fazer a coisa certa e fazer acontecer a coisa certa. O valor estaria na ação ou nas suas consequências ou resultados? Deve prevalecer uma ética de princípios – que avalia as razões pelas quais se decidiu naquela direção e não em outra –, independentemente do que aconteça depois, ou uma ética de responsabilidade – pelas consequências das decisões tomadas?

A insuficiência da moral, no seu sentido mais estrito, está no desprezo por tudo o que vem depois da ação e que dela decorreu. Uma boa vontade bastaria para conferir a qualquer ação um valor positivo.

Mas, se apenas "pensar bem" é o que importa para "agir bem", você leitor sempre poderá levantar a mão. A história está repleta de decisões escoradas em princípios aparentemente bem-fundados e, ainda assim, as ações que daí advieram foram catastróficas, produzindo efeitos indiscutivelmente nefastos para muitos. Para a sabedoria popular, de boas intenções o inferno está cheio.

Ecologia da ação

Talvez por isso, não basta pensar bem para agir bem. Não é suficiente ter boas razões para agir de um jeito e não de outro, para que estas ações sejam boas. Que tal considerarmos as condições dessa ação. O cenário em que ela se produzirá. Só assim saberemos se ao agir estaremos de fato a serviço dos valores que lhes serviram de referência.

Ante essa necessidade surge uma "ecologia da ação", termo usado por Edgard Morin, querido por tanta gente em nosso país. Essa ecologia tem por objeto tudo o que interfere ou participa da relação entre meios e fins. Os meios – objetivados em nossas ações – e os fins – objetivados em tudo o que esperamos que aconteça no mundo por causa delas. Meios acertados devem permitir aos agentes alcançar os resultados visados.

Porém, na ecologia da ação, agentes não dispõem de todo o conhecimento de que necessitam. Nunca conseguem dominar todas as variáveis que podem incidir na relação entre suas ações e os fins pretendidos. Não só pelos limites da própria razão. Mas também porque muitas ocorrências que determinarão o sucesso ou o fracasso das iniciativas ainda estão por acontecer. Impossível considerá-las, portanto, no instante de decidir ou de agir.

Tais ocorrências supervenientes podem resultar da própria ação empreendida. Assim, uma ação A é causa do efeito X pretendido pelo agente. Mas também do Y, este último sequer cogitado. E Y compromete X.

José Maria Aznar, primeiro-ministro da Espanha entre 1996 e 2004, sucedendo Felipe Gonzales, declara com clareza – servindo-se de todos os recursos simbólicos próprios ao "Estado Espetáculo" – seu apoio a George Bush e a Tony Blair quando da invasão do Iraque. Com direito a declaração formal de guerra em Madri. Esses foram os meios.

Agora os fins. Pretendia reforçar alianças militares com esses dois importantes parceiros, contar com recompensas no comércio internacional de seus tradicionais produtos de exportação, recolocar a Espanha em posição geopolítica proeminente e, claro, consolidar o apoio de seus eleitores majoritariamente favoráveis a essa intervenção naquele momento.

Todos esses fins foram – em grande medida – alcançados pelo governante através dos meios citados. Porém, algum tempo depois, dias antes de novas eleições legislativas, que – de acordo com as pesquisas de intenção de voto – resultariam em tranquila vitória do seu Partido Popular, um atentado a bomba na estação de Atocha em Madri mata muita gente.

Aznar tenta, sem sucesso, desvincular aquele atentado de seu apoio irrestrito às forças americanas e inglesas. Seus autores, terroristas, deixam claro tratar-se mesmo de uma represália àquela entusiasmada parceria. Tudo muda rapidamente. A vitória até então assegurada se converte em retumbante fiasco eleitoral. O poder cai no colo de José Luis Zapatero do Psoe, que havia entrado na disputa com pouquíssimas esperanças.

O leitor concordará: as decisões políticas são, muitas vezes, revestidas de complexidade sem fim. Se o que ainda não aconteceu pode viabilizar ou inviabilizar a obtenção dos fins almejados, como fazer? Se o valor dos meios, das ações, das estratégias está à mercê do que o agente não pode saber, impossível ter maiores certezas para decidir.

Até quando teríamos de esperar para agir em segurança? Toda decisão dependeria de suposições grosseiras sobre o real que se pretende transformar? Ante a necessidade de agir, toda escolha, sempre arriscada, se traduziria em angústia da qual não poderíamos nos libertar? Estaríamos mesmo – na condição de agentes políticos – condenados a uma liberdade angustiada?

Os exemplos domésticos da atualidade também nos elucidam. Qual autoridade do nosso Estado – na hora de garantir os recursos de futuras campanhas, de assegurar alianças importantes com parceiros estratégicos para o exercício do poder, mediante contrapartidas de vulto – poderia antecipar a avalanche de investigações desencadeadas por uma despretensiosa vistoria num posto de gasolina? Aqui a leitura das obras de Sergio Praça e de Deltan Dallagnol sobre a Lava Jato são imperdíveis.

Na ecologia da ação reina um fundo de incerteza que confere a toda iniciativa um estatuto de aposta. Uma iniciativa particular de um agente qualquer se encontra sempre inscrita numa rede de causalidades sem fim em todas as direções. Assim, focado no que pretendia produzir no mundo, nem se dá conta de todos os outros efeitos periféricos, perversos, indesejados que sua ação acaba desencadeando.

Como se não bastasse toda essa incerteza, é fácil perceber que o valor de meios e fins se contaminam. Sabemos bem que, quando empregamos por muito tempo meios indignos para alcançar fins dignos e defensáveis perante qualquer um, esses meios – a indignidade de suas ações – acabam por contaminar suas finalidades. Inversamente, condutas imorais podem ensejar consequências merecedoras de aplauso.

No *Fausto* de Goethe, o protagonista que empresta nome à obra age almejando tudo de bom para Marguerite. Sempre movido pelas melhores intenções. No entanto, nada dá certo. E o que acontece a ela – por conta das iniciativas dele – é sempre catastrófico. Em contrapartida, Mefistófeles, que não quer saber dela, que busca livrar-se de sua presença, pede a intervenção divina e acaba, sem querer, por salvá-la.

Até aqui a ecologia da ação problematiza meios – face à complexidade do mundo – com vistas à obtenção de fins tidos por óbvios e indiscutíveis. As dificuldades podem aumentar, se submetermos também estes fins a um juízo crítico mais agudo.

Políticas públicas: um cobertor curto

Os recursos materiais de um país são o que são. Sempre limitados. As carências também são as que são. Algumas mais manifestas e alardeadas do que outras. Mas sempre abundantes. Como gastar o dinheiro que é de todos da melhor maneira? Deixar o Estado corrigir desequilíbrios – por intermédio de pesada arrecadação tributária – ou arrecadar menos e deixar a sociedade ficar com mais dinheiro, do jeito dela, segundo os cacoetes do mercado, por exemplo?

O enrosco é tão grande que ganhou nome pomposo: políticas públicas. Uso da razão para a identificação da forma mais justa de gastar recursos e diminuir carências. Sempre dependendo de escolhas e, portanto, de atribuição de valor às coisas do mundo, às demandas sociais, às múltiplas estratégias possíveis para atendê-las.

No senso comum mais grosseiro repete-se que as autoridades, os gestores públicos não estão fazendo nada, que nunca fazem nada. Ora, bastaria uma visita rápida a essas instâncias decisórias – de exercício de poder – para constatar o erro. Falta de quórum em espaços de deliberação coletiva é mais estratégia no exercício do poder do que falta do que fazer. Não há muitos preguiçosos nesse nível de disputa e enfrentamento. Dificilmente estariam ocupando os postos que ocupam sem mobilização de corpo e alma.

Claro que estão fazendo alguma coisa, decidindo, trabalhando. Talvez não na direção que gostaríamos, atendendo demandas que consideramos irrelevantes, ou que não nos dizem nenhum respeito. Talvez ainda estejam tomando decisões – em complicadas iniciativas administrativas e problemáticas negociações entre poderes – contrárias a nossos interesses.

Assim, ciclovias pela cidade atendem às pretensões de quem se desloca em bicicleta, mas desagradam a todos que estacionavam por onde elas passam. Fechar uma avenida para atividades pedestriânicas representa um ganho de espaço para caminhantes, mas atrapalha a vida de quem reside por perto. Faixas exclusivas para ônibus agiliza o fluxo dos mesmos, mas estrangula a passagem pelas vias remanescentes.

Se a circulação é complexa, a aglomeração também incomoda. Dispersar os frequentadores de uma zona circunscrita de prostituição e consumo de drogas pela cidade atende aos interesses de quem reside, trabalha ou tem investimentos imobiliários nessa região, mas desagrada a todos que circulam pelas novas áreas ocupadas.

E a formação intelectual dos cidadãos? Investir na educação pública de base e alfabetizar todas as crianças do país ou em universidades públicas e seus centros de pesquisa, únicos a fazer ciência e produzir conhecimento? No âmbito da saúde, investir em hospitais públicos ou dar dinheiro aos privados para cuidar dos pobres?

E os recursos naturais? Alguém descobre o pré-sal. Para quem vai o dinheiro dos *royalties* do petróleo? Dinheiro pago pelas empresas antecipadamente como forma de compensar eventuais catástrofes naturais e danos ecológicos que possam produzir. Apenas para os estados onde se encontram os bolsões petrolíferos ou para todos os estados da União? Por um critério de risco local, o dinheiro deveria estar onde as catástrofes podem advir. Já do ponto de vista federativo, se o petróleo é da União, todo dinheiro que dele decorre deveria ser distribuído entre todos os estados.

Esses exemplos fazem lembrar um cobertor curto num dia de frio. Aquecer a canela é valor. Frio na canela ninguém merece. Aquecer a orelha também o é. Mas o cobertor não dá para os dois. É preciso escolher. E para tanto, identificar o bem de maior valor. O que vale mais a pena aquecer. Nada impede a busca por soluções de compromisso. Como aquecer um pouco em cima e depois um pouco embaixo.

Péricles, aquele cujo nome batizou um século inteiro de tão incrível que devia ser, dizia que os atenienses sabiam perfeitamente combinar a ousadia e a prudência. Em contrapartida, os outros povos, ou eram uns porra-louca que não mediam consequências na hora de agir, ou eram cagões, acovardados e imobilizados pelo medo. O que Péricles está dizendo é que a ação justa requer audácia e, portanto, risco consciente, combinada, porém, com o seu contrário.

Nem sempre esse tipo de combinação é fácil ou possível na hora de decidir entre pretensões excludentes entre si. No início de um curso de Ética na Escola de Comunicações e Artes da USP, solicitei aos alunos que identificassem o que lhes parecia mais precioso proteger na convivência. Um deles observou que retardatários atrapalhavam a concentração dos alunos e do professor. Sugeriu que não fosse permitida a entrada de ninguém, uma vez começada a aula. Princípio da pontualidade. Aparentemente nada a opor.

Na sequência outro aluno pediu a palavra. Concordou com o primeiro sobre o prejuízo da entrada de retardatários. Mas observou que ele, como outros na classe, não tinha tido a sorte de residir nas imediações da universidade, de não precisar trabalhar para se sustentar durante o curso, de ganhar um carro aos 18 anos.

Residimos na periferia sul da cidade, trabalhamos por lá até as 18 horas e dependemos do transporte público. Não poderemos ser pontuais em nenhuma das aulas. Se o senhor proibir a entrada após às 19:30h inviabilizará a disciplina e a própria graduação. Dessa forma, o curso ficará restrito aos bem-nascidos. Quanto aos que vêm de longe, bem, esses continuarão excluídos da universidade pública, mesmo tendo, por mérito, chegado até aqui.

Permitir ou não a entrada após o início da aula? Garantir pela pontualidade excelentes condições de prática docente e discente? Ou garantir a todos o acesso a aula, sem penalizar os mais pobres, ainda que comprometendo a excelência do ensino-aprendizagem? Perceba que aqui não se trata de combinar, como no caso da audácia e da prudência. Porque uma pretensão de pontualidade absoluta exclui a outra de ingresso livre durante a aula. Trancar ou não trancar a porta não admite meio-termo. Qualquer tentativa de combinação desatenderá ao próprio âmago do valor defendido por uns e por outros.

Essa complexidade de valores apenas reflete as múltiplas pretensões e desejos de cada um. Convertendo a política numa arte de gerir conflitos.

Conflito como condição

Acho que aqui podemos arriscar: se todos concordássemos com todos a respeito de tudo, a política sequer existiria. Por isso pode ser entendida como gestão de desejos contraditórios. Incompatíveis. Excludentes. Desejos que no espaço público se materializam em interesses, estratégias, cartas de intenção, propostas e programas, em ideologias inteiras. Mas que não passam mesmo de desejos de uns e de outros.

"Insociável sociabilidade." Fórmula curiosa de Kant. Comecemos pelo fim. O homem é sociável. Só vive se conviver. Só alcança sua humanidade plena em meio aos demais.

Agora o começo. É também insociável. Porque cheio de desejos. Egoísta. Não pode nem dar as costas a seus semelhantes nem, por eles, abrir mão da satisfação de seus desejos. Daí a política. Tão necessária. Para que não haja guerra o tempo todo. Para que tudo não seja resolvido só na força bruta. Para que o desatendido aceite que desta vez não deu. E não mate o agraciado a cada frustração.

Imagine, leitor, um encontro. Essa pessoa se revela agradável. Você se sentiu bem ao seu lado. Podemos dizer que sua energia para viver sofreu naquele momento um *upgrade*. Você, que não é bobo, tenta marcar outro encontro. Mas aquela pessoa parece estar sendo solicitada por um terceiro. Que também se sente bem perto dela. A sua pretensão parece excluir a dele, e vice-versa. Ambos lutam pela presença de alguém que faz bem, que potencializa, que alegra. A decisão da moça é uma instância de gestão de afetos. O escolhido, alegre, excluirá a pretensão do concorrente derrotado.

Outra situação. Você tem carreira política. Chegou jovem a governador do seu Estado. Ocupar posição de poder faz bem. A corte energiza. A sensação de decidir sobre a vida de muita gente não desagrada, pelo contrário. Assumir postos de comando alegra. Você é candidato a mais alegria. À presidência da República. Mas outro governador também pretende a posse desse mundo alegrador. Bem como outros dois senadores. A eleição é uma instância política de gestão de afetos. Um único presidente da República em detrimento de tanta gente que dedicou uma vida a essa conquista.

Quer mais? Você está no final do Ensino Médio. Quer seguir estudando. Gosta do aplauso social que recebe por conta da *performance* escolar. Percebe-se energizado toda vez que é tomado por inteligente. Imagina-se estudando em faculdade de prestígio. Dessas cuja excelência dispensa argumentação. Mas a relação candidato x vaga é de mais de cem para um. A ocupação de uma delas implica a frustração de muitos, igualmente esperançosos. O vestibular é uma instância política de gestão de afetos. Para cada alegria haverá mais de uma centena de indivíduos tristes e frustrados.

Você é diretor de um departamento importante de uma multinacional conhecida de todos. Seu departamento vai bem obrigado. A excelência do seu trabalho é comentada em toda a empresa. Você gosta da gestão naquele espaço de produção. Você se alegra em tomar decisões que aumentem os lucros da empresa. Você não nega suas pretensões de carreira. Ser CEO lhe deixaria nas nuvens. Mas outros diretores, aplaudidos e reconhecidos como você, também se alegrariam muito com essa promoção. A empresa é uma instância política de gestão de afetos. De conversão da esperança de muitos na alegria de um só.

Você é atleta de elite. Campeão da sua cidade há muito tempo. Campeão de seu país muitas vezes. Campeão continental uma vez. Vice-campeão do mundo uma vez. Os Jogos Olímpicos se aproximam. A medalha de ouro é um sonho. Possibilidades existem. A alegria seria única na vida. Mas outros têm o mesmo sonho. Com igual investimento em treinamentos. Com níveis de dedicação tão intensos quanto o seu. E currículos respeitáveis também. Os Jogos Olímpicos são uma instância política de gestão de afetos, de concentração de alegria. De conversão de esperança em tristeza.

Nesses cinco casos há pretensões que se enfrentam. O êxito de um implica a insatisfação de outro ou muitos outros. A raridade dos troféus, a abundância de pretendentes e a índole exclusiva e excludente de certas conquistas torna a política uma instância de definição de condições legítimas de conversão de esperança em alegria.

Se houvesse mundo para todos os desejos, não haveria política. Mas é exatamente porque não há troféu, consagração, capital simbólico para todo mundo – todos só têm o valor que têm pela raridade face aos pretendentes – que a definição dos competidores, das regras, das competências, dos tempos de enfrentamento requerem política.

Enquanto houver luta pela definição das condições de distribuição e redistribuição de alegrias e tristezas – por intermédio da definição das condições de acesso aos troféus que lhes dão causa – a política não desaparecerá. Por mais que muitos anunciem seu fim, com os mais variados *slogans*.

Se todos estamos em busca de dispor do que supomos nos alegra e, portanto, em conflito com pretendentes ao mesmo troféu, o mesmo acontece com os profissionais da política, para os quais a própria carreira, reconhecimento, prestígio, contam tanto quanto a implementação dos projetos de sua autoria.

Campo político

A política implementada pelos profissionais pode ser entendida melhor enquanto um espaço abstrato, apenas imaginado. Construído na sua mente. É certo que a atuação desses profissionais se dá preferencialmente em certos lugares físicos como palácios de governo, congressos e assembleias, por exemplo. Mas não estamos falando disso.

Pense num espaço onde possa posicionar na mente os atores políticos. Uns mais próximos de outros. Alguns bem distantes entre si. Conseguir posicionar os principais atores políticos segundo eixos como direita e esquerda, governo e oposição, ou segundo a filiação partidária requer alguma cultura política, familiaridade com atores e instituições, grupos parlamentares e alianças eleitorais de circunstância.

Esse espaço é um sistema de posições. Relativamente estruturado. Onde os agentes se deslocam como num *ballet*. Em movimentos que se referenciam uns aos outros. Por isso, a compreensão do trabalho político de uns e de outros exige mais do que uma imersão em seus discursos, ações e estratégias. Requer uma avaliação de posicionamento em relação aos demais atores do espaço. Porque nunca um movimento político é compreensível apenas por ele mesmo.

Assim, para entender o que diz ou faz Temer – que aqui figura como um simples exemplo –, mais útil do que mergulhar numa análise isolada de seus discursos e gestos seria inscrevê-lo no espaço por onde circulam os profissionais da política, avaliar as posições por ele já ocupadas em relação aos demais atores e as que ocupa neste instante de sua trajetória. As causas e os significados de suas ações exige considerar as de Lula, Dilma, Cunha, Jucá, Renan, Sarney, Maia e tantos outros.

Esse espaço político, por onde circulam os profissionais da área, guarda uma autonomia relativa face a outros espaços sociais. Isso significa que o que vale aqui pode não valer fora daqui. Vamos denominá-lo, como sugere Bourdieu, de campo político.

Nesse campo, como em qualquer outro, há troféus em disputa. Nem tão abundantes a ponto de comprometer a distinção de seus detentores nem tão raros a ponto de todos acharem impossível alcançá-los. O valor desses troféus é óbvio para quem os disputa. Dispensam qualquer demonstração. Talvez porque tudo que requeira muita demonstração não tenha mesmo valor algum. Fora do campo, o valor de cada troféu é percebido de forma mais difusa. Menos precisa.

Os agentes que circulam pelo campo não dispõem dos mesmos recursos. É por isso que podemos falar em um tipo particular de capital, o político. Quantidade e qualidade dos recursos de uns e de outros aptos a levar seus detentores a alcançar os troféus em disputa.

No campo político, as práticas dos agentes são em grande medida espontaneamente ajustadas às distâncias sociais estabelecidas entre as posições que ocupam. Não exigindo a cada passo um cálculo preciso sobre os limites entre a ação autorizada e a heresia. O próprio transcorrer da disputa inculca junto a cada um deles disposições de ação – o que está autorizado a dizer ou a fazer em função da situação que é a sua naquele momento do jogo.

Perceba que o valor do capital político deste ou daquele profissional está vinculado ao campo em que circula, bem como aos seus troféus. Assim, capitais acumulados em outros campos sociais, aptos a levar os agentes que os detêm a posições dominantes nesses campos, não se convertem em capital político automaticamente. Quanto mais estruturado o campo, mais difícil é a migração de um para outro.

O campo político é um espaço de jogo, jogado por jogadores que vivem disso, e segundo regras reconhecidas por todos eles. Por isso, além de se objetivar numa arena de conflito, requer também um consenso, um acordo suficientemente amplo entre todos os agentes, cuja extensão tem muito de óbvio, evidente ou implícito.

A autonomia relativa das regras do campo político muitas vezes se choca com representações coletivas sobre o agir ético, o politicamente correto e o entendimento do justo consolidado em outros campos sociais. Esse desalinho parece ensejar pelo mundo afora uma certa erosão da legitimidade do profissional da política e do seu campo face a todos os que dele não participam como tal.

Vivemos em tempos de deslegitimação do trabalho político. Da atuação de seus profissionais. Desacreditá-los parece ganhar pontos junto à maioria. Toda simplificação é atraente onde a complexidade apavora. Faríamos bem em ter cautela. Olhar mais de perto. Dar-nos tempo de exame calmo e lúcido. E só assim evitaríamos o lastimável equívoco de banalizar o mal e anestesiar nossa indignação.

2
O poder e as redes

Viviane Mosé

A política existe desde que existe a *pólis*, a cidade, a convivência de pessoas em grandes grupos, e diz respeito às questões relativas a esta necessidade de ordenação que a cidade impõe: a instauração de limites, a definição de valores e de deveres, a concessão de direitos, a distinção entre o público e o privado, a concepção de bem comum etc. Quando por alguma razão as sociedades colocam em questão os seus valores, aquilo que foi acordado, estas limitações e direitos estabelecidos, também são colocados em questão. Nestes momentos é mais do que nunca essencial fazer política, primeiro porque a suspensão, mesmo que provisória, de limites, provoca um aumento da violência, não apenas contra outros, mas contra si mesmos. E segundo, porque isto pode significar refundar estes acordos, ou seja, refundar a própria sociedade a partir de novas bases, que podem tanto refletir uma ampliação de conquistas em direção a uma melhor convivência de todos quanto podem significar um retrocesso moral, político, ético que pode levar ao aumento da violência em grandes proporções. Vivemos estas faces de modo explícito, a violência, o crime armado, o terrorismo, a intolerância, o ódio, a depressão, a automutilação, o suicídio. Mas também a democratização da informação, a ampliação de ferramentas de acesso ao mundo, agora cada vez mais virtual; a possibilidade de conexão, de compartilhamento – portanto, de produção de encontros inéditos –, não somente entre pessoas, mas entre saberes antes desqualificados. E uma imensa quantidade de portas abertas.

Não tenho dúvidas de que vivemos uma mudança de valores; um fosso nos separa do passado, um abismo. Caímos na virtualidade, no mundo dos signos, das imagens, onde tudo cabe, tudo se conecta, mas não aprendemos a compor, senão a competir e a excluir. Tentamos ordenar o pensamento em linha, mas as linhas agora são redes que se ligam e se retroalimentam. Tudo se relaciona. O conflito de informações, o excesso nos aproxima do caos. Como cegos em tiroteio, vivemos a guerra da informação.

Todo mundo hoje, de algum modo, quer fazer política; especialmente compartilhando algum tipo de denúncia, todos parecem querer contribuir. Diversas lutas são travadas, contra o consumismo, contra a destruição da natureza, por uma vida saudável, pela posse do corpo pelas mulheres, pela diversidade de gênero, em defesa dos animais, das bicicletas, pela liberação das drogas, pelo respeito às diferenças, entre tantas outras. Mas ao mesmo tempo reina uma descrença generalizada na classe política, nas instituições e nos espaços tradicionais de intervenção, expostos em suas falcatruas e negociatas. Sem pontos de convergência, tudo se esfacela, se fragmenta, e cada um briga por seu quinhão. Nestes momentos é necessário partir de um ponto, propor um começo. Qual o alvo da luta? Contra o que lutar?

Diz Michel Foucault:

> Nosso embaraço em encontrar as formas de luta adequadas não virá de que ainda ignoramos o que é o poder? Afinal de contas, foi preciso esperar até o século XIX para saber o que era a exploração; mas talvez ainda não se saiba o que é o poder. Marx e Freud talvez não sejam suficientes para nos ajudar a conhecer esta coisa tão enigmática, ao mesmo tempo visível e invisível, presente e oculta, investida em toda parte, que se chama poder[1].

O pensamento de Michel Foucault desfez muitas lutas, e estimulou novas. Se o poder não se resumia ao dinheiro, se a dominação não era exclusividade do poder totalizador do Estado, contra quem se opor? O que afinal era o poder? Estas questões foram essenciais para nós na década de oitenta.

Quando entrei na universidade, em 1981, logo me filiei ao Movimento Estudantil, o que de algum modo todo mundo fazia. As assembleias viviam lotadas, havia uma disputa acirrada nas eleições para o Diretório Central dos Estu-

---

1 "Os intelectuais e o poder". In: FOUCAULT, M. *Microfísica do poder*. 2. ed. Rio de Janeiro: Paz e Terra, 2015 [Org. de R. Machado].

dantes; nossa luta era contra a repressão política do regime militar, contra a falta de liberdade no Brasil, mas era principalmente contra o sistema capitalista internacional, o que para nós se resumia à submissão do aparelho de Estado ao capital financeiro. Ou seja, o poder totalizador do Estado posto a serviço da acumulação de capital dos grandes grupos financeiros internacionais; acúmulo que se sustentava na exploração do trabalho assalariado e gerava uma imensa desigualdade social. Centralizado, o poder para nós era algo material, essencialmente repressivo e posse de poucos no topo de uma pirâmide onde estavam os representantes do Estado e da burguesia.

No máximo trabalhávamos com a noção de aparelhos ideológicos de Estado, de Louis Althusser, que pensa a necessidade da reprodução das relações de produção por meio de instâncias de reprodução da ideologia dominante na sociedade. O Estado tinha braços, era onde conseguíamos ir, e esses braços operavam por meio do discurso, que justificava a exploração. Tínhamos noção disso, mas ainda de modo estanque; havia o Estado e as instâncias que eram suas terminações, ou repressivas, como o exército, ou ideológicas, como a escola. Mas nos faltava a noção de rede, ainda não existia a internet, era para nós impensável uma ordenação descentralizada, uma pluralidade ordenada de modo não piramidal, sem uma hierarquia verticalizada. Foucault parece ter antecipado esse movimento, que necessariamente viria.

Os horrores da exploração do trabalho expostos por Marx no século XIX, especialmente, e a máquina de lucro cada vez mais competitiva do capitalismo, gerando o delírio consumista e a hiperconcentração de renda, chocavam uma parte do mundo, especialmente os jovens nas universidades, que foram se dividindo – de um lado os comunistas, inspirados na Revolução Russa, que gerou a União das Repúblicas Socialistas Soviéticas, e de outro os capitalistas, liderados pelos Estados Unidos da América. E não havia outros, nem outros temas a tratar, apenas aquela tensão entre potências, na verdade entre estados, o duelo entre dois monstros supostamente armados com bombas nucleares.

Na Guerra Fria, época em que o mundo se dividiu em dois, coletivizar os meios de produção, desmontar o capitalismo e dividir as riquezas era o alvo único que se apresentava a nós, jovens que protestavam contra a desigualdade social, contra a miséria, contra a repressão política, contra a falta de liberdade. Cruzar os braços, parar as fábricas e tomar o aparelho de Estado, distribuir o poder, acabar com a exploração de uns sobre outros, construir uma sociedade igualitária era a meta. Muitos jovens, a maioria menores de idade, morreram ou foram torturados na tentativa de fazer essa inversão, essa revolução. Mas o totalitarismo soviético era também um fato; as inegáveis torturas, os abusos de poder cometidos por um regime que nasceu para promover a igualdade. O século XIX, diz Foucault, prometeu que os problemas acabariam quando as questões econômicas se resolvessem, mas não foi o que aconteceu.

Essas relações de poder, não apenas de exploração, foram aos poucos sendo expostas, fomos percebendo o poder como um problema específico, a concentração de poder – que se mantinha nos países comunistas, mesmo com o fim da exploração econômica. Vivemos do nosso modo a queda do sonho. Tudo, afinal, se reduzia a uma luta pelo poder; a opressão continuava, a submissão de uns sobre outros, os abusos. É nesse momento ainda cheio de verdades que Michel Foucault vem afirmar – e veio a nós no livro *Microfísica do poder*, organizado por Roberto Machado – que o poder ainda não havia sido pensado. Marx não pensou o poder, ele pensou a exploração, a apropriação do trabalho, a mais-valia, mas não o poder.

O problema do século XIX, que suscitou questões que acabaram gerando o marxismo, foi a miséria, a exploração econômica, o problema do capital. Mas em países mais desenvolvidos o problema logo se configurou como outro. A concentração de poder da burocracia soviética, o fascismo no capitalismo ocidental, todos estavam enfrentando o mesmo problema, mas a mecânica do poder continuava ignorada. Se queremos mudar o poder do Estado, diz Foucault[2], é preciso mudar as diversas relações de poder que funcionam na sociedade, essas microrrelações que acontecem independente dos indivíduos que detêm o poder do Estado.

O Estado não é o centro do poder, é apenas um instrumento de um sistema de poderes que está além dele, o ultrapassa e o complementa. Nem o controle nem a destruição do aparelho de Estado é suficiente para transformar a rede de

---

2 FOUCAULT, M. *Estratégia, poder-saber*. 3. ed. Rio de Janeiro: Forense Universitária, 2012 [Coleção Ditos & Escritos].

poderes que caracterizam uma sociedade[3]. O totalitarismo soviético, mas também os absurdos cometidos pelos indivíduos entre si, por exemplo nos campos de concentração, foram tão revoltantes quanto a miséria e a exploração econômica do século XIX. Mas ninguém estava preparado para pensar isso, ele diz[4], ocupados que estavam em ler a sociedade a partir de uma lógica econômica, em aplicar aos acontecimentos um modelo teórico acabado, e que tinham na cabeça. Ninguém, afinal, se importava com a forma como o poder se exercia, com sua especificidade. Foi somente a partir das lutas cotidianas realizadas na base, com aqueles que tinham de lidar diretamente com isso, nas malhas mais finas dessas redes, que começamos a entender o que é o poder. Foi aí que apareceu a concretude que permitiu estas análises. Pensar o poder foi uma urgência do século XX, uma necessidade.

Estudando temas específicos como a loucura, a prisão, a medicina, Foucault foi percebendo a existência dos micropoderes, o poder capilar que atua nas terminações, nas pontas, disciplinando os mínimos gestos, os hábitos; o poder chega ao corpo. Mas esses micropoderes também exercem pressão de baixo, e muitas vezes determinam a resultante em um campo de forças: em outras palavras, pequenos poderes podem vencer grandes poderes. O poder não é uma coisa que se possua ou não, o que existe são relações de poder que se exercem em

---

[3] MACHADO, R. *Foucault, a ciência e o saber*. Rio de Janeiro: Zahar, 2006.
[4] FOUCAULT, M. *Estratégia, poder-saber*. Op. cit.

níveis variados e em pontos diferentes da rede social; e, neste complexo de relações, os micropoderes existem.

O fato é que, de qualquer lugar, a partir de qualquer ponto, é possível produzir resistência; a conexão dos micropoderes, a articulação das pequenas lutas, pode compor um campo de forças capaz de mudar relações já arraigadas de dominação. Não uma luta única, que pressupõe a união de todos em um único projeto, mas múltiplas lutas articuladas, defendendo bandeiras distintas, mas a partir de pontos comuns. Vivemos novos tempos e com ele novos modos de ordenação, novas estratégias.

Saímos em bando do movimento estudantil decepcionados não apenas com os rumos da revolução que tanto pregamos, o golpe fatal no coração do poder que, de uma única tacada, transformaria a sociedade em um lugar mais igualitário, mais justo. Mas também porque vivíamos essas concentrações e abusos de poder dentro do próprio movimento estudantil. Aliado a isso tudo estávamos lendo Nietzsche, Foucault, Artaud, Deleuze. Víamos quanto tudo era mais complexo do que parecia; havia muitas forças em questão, tínhamos que aprender a multiplicidade. Fomos impulsionados às pequenas lutas, à ecologia, ao meio ambiente, à arte, à cultura, à luta pelo direito ao ócio. Mas tudo isso tinha algo de triste, era tudo muito disperso, sem expectativas. Parecia que não havia mais saída. Onde está o inimigo agora? Contra quem lutar? Fizemos muitas vezes essas perguntas.

Michel Foucault, levando adiante o pensamento mais importante de Nietzsche, afirma que o problema político essencial diz respeito à produção da verdade; mais do que isso, ao sistema de produção de verdades que toda sociedade possui.

Há um combate, ele diz, em torno da verdade, que não quer dizer "o conjunto das coisas verdadeiras a descobrir", mas "o conjunto das regras segundo as quais se diferencia o verdadeiro do falso"[5]. A questão principal é exatamente diferenciar o verdadeiro do falso. Domina quem tem o discurso, os argumentos, a narrativa vencedora, que não é necessariamente a melhor ou a mais apropriada, mas a que mais se aproxima daquilo que se determinou como sendo verdadeiro. É no domínio do saber e da informação, no espaço de produção das verdades, que reside o modo de atuação do poder, mas de algum modo desde sempre.

Somos dominados por discursos, o poder está no valor de verdade que impomos aos saberes que, em última instância, nos controlam e determinam. Consumimos discursos, cada vez mais do que produtos. Somos há muito tempo estimulados a viver em canaletas conceituais, cápsulas discursivas. Vestimo-nos há séculos de certezas. Isso não começou com a internet. Mas a internet, com a revolução das super-memórias, construiu um suporte físico que permitiu a conexão da multidão, tanto em função da infinita capacidade de conexão de dados, de conteúdos, de informação como a conexao social entre milhões e bilhões de pessoas, produzin-

---
5 FOUCAULT, M. *Microfísica do poder*. Op. cit.

do um novo tipo de encontro. São muitas as consequências das novas mídias na cultura, e este não é o objetivo aqui. Mas nos importa ressaltar o valor cada vez maior dos discursos no universo virtualizado em que vivemos.

Vivemos uma guerra da informação, que elege e depõe presidentes, cria e derruba ídolos, compromete ou salva políticos, torna mito ou algoz um cidadão comum. Como cegos em tiroteio, tentamos filtrar uma informação falsa, mas, afinal, nunca sabemos se um fato não foi construído apenas para sustentar uma notícia. Tem sempre um celular esperando um gesto, a qualquer hora, em qualquer lugar. Tem sempre algum discurso defendendo algo, ou algum fato sendo criado para justificar um discurso; não apenas notícias falsas, mas situações objetivamente manipuladas para serem registradas e postadas. Domina quem mais simula, distorce; ganha mais quem sabe inventar realidades, produzir verdades, fatos por encomenda.

A maior arma que temos no mundo hoje é saber ler, ensinar a ler, não apenas os livros, mas o mundo, como dizia o mestre Paulo Freire. Precisamos aprender a pensar, o que quer dizer ir além de interpretar, propor o mundo em que vivemos, o agora. Temos pressa; os abismos, os impasses se somam em nossa cultura, em todos os lados do planeta. Estamos sempre a um passo do caos; não de uma ameaça de caos como foi a Guerra Fria, mas um caos que todos os dias desfaz algum tipo de chão sob nossos pés. Atuar politicamente se tornou uma imposição, mas é urgente pensar estrategicamente de que modo interferir no rumo das coisas. O que é fazer política hoje? Onde se dão as relações de dominação?

O objetivo aqui é pensar o poder, entender como se exerce e de que modo as novas interfaces, ampliando as possibilidades de conexão, de encontros, especialmente permitindo a democratização da informação, mas também promovendo a guerra pelo controle da informação e dos dados – podem ser uma possibilidade de transformação das relações de poder em nossa sociedade, cada vez menos uma linha a opor lados, cada vez mais uma correlação de forças, uma composição de acordos e trocas, uma rede de conexões entre campos de força. De que modo a sociedade em rede pode possibilitar a expansão das possibilidades humanas, sociais, econômicas, ambientais, ou aumentar o controle sobre os corpos, as ações, a vida. Não é ainda o que buscamos responder, aqui, mas é para onde queremos apontar.

É na superficialidade dos argumentos, na falta de densidade do pensamento que os discursos do poder nos dominam, nas entrelinhas, nas encruzilhadas. Dominação e submissão se misturam, a sociedade é composta de redes, infinitas malhas, conexões. Mesmo nas terminações, nas raízes mais finas, a corrupção, a opressão permanece. Mesmo em uma favela, entre moradores de rua, em um presídio, um orfanato, tem sempre os que mandam e os que obedecem. Mas as relações de poder são sempre provisórias; antes mandavam os velhos, hoje cada vez mais são os jovens inovadores os donos do jogo. As figuras mudam quando muda o discurso, a narrativa, o conceito, o poder se transforma. É preciso ler essas mudanças para encontrarmos os espaços efetivos de ação política.

Nietzsche e a vida como vontade de potência[6]

Nietzsche não pensa o poder isoladamente; poucas vezes se refere ao excesso de poder, à tirania, à exploração de uns sobre outros. A política não o interessa diretamente; a questão dele é outra: prefere falar de uma grande política, a que discute questões que dizem respeito à relação do humano com a trajetória limitada e desconhecida que tem no mundo; prefere falar de valores, do modo como os valores determinam a vida; esta sim, fonte de poder. Sempre que fala em poder ou potência, Nietzsche tem como referência não a cultura e seus jogos, mas a vida. A base do seu pensamento é a afirmação da vida como vontade de potência. Esse posicionamento reforça a noção de vida como algo que deve ser afirmado, positivado, a experiência em si, a presença, e ao mesmo tempo insere a noção de vontade de potência, conceituando a vida como aquilo que deve sempre superar a si mesma. Portanto, vida é gesto, ação, movimento, expansão, superação, é sinônimo de força, aquilo que segue sempre adiante. Como força não existe no singular, o poder ou a potência são sempre concebidos como campos de força, "ondulando e tempestuando em si próprios".

Poder é, portanto, sinônimo de vida, não de cultura, porque poder é força, ânimo, disposição, intensidade, e a cultura, aquilo que nos enfraquece. O poder resulta de uma determi-

---

6 A base deste texto pode ser encontrada em MOSÉ, V. *Nietzsche e a grande política da linguagem*. Rio de Janeiro: Civilização Brasileira, 2005.

nada relação que os humanos estabelecem com a vida. E parte, antes de mais nada, de querer ou não estar no jogo, de afirmar ou não esse fenômeno que é viver. Para ter potência é preciso afirmar a vida, querê-la. Isso se revela na dança de Zaratustra com a vida no final do livro *Assim falou Zaratustra*; é preciso dizer sim, outra vez. A vida pode não retornar, mas é preciso vivê-la de tal modo que ao fim possamos dizer: Pois bem, outra vez, eu quero, eu topo.

A partir da vida como afirmação, ou a partir do lugar de quem afirma a vida em sua totalidade, Nietzsche desconfia, a partir de uma leitura muito própria da história, que o que move a civilização desde Parmênides e Platão é uma relação com a vida que a desprivilegia. Esta é a história da razão. A racionalidade moderna anunciada por Descartes e concluída com Kant forjou uma subjetividade para ser capaz de sustentar a si mesma, o seu discurso, e esse sujeito precisou se afastar do corpo, dos afetos, dos excessos para se tornar razoável. E se tornou. Mas o que isto quer dizer? Que importância isto tem para a vida? Temos hoje muitas certezas, muitas verdades, mas não temos mais vida. A vida, em si, perdeu o valor.

Nietzsche discute de que modo a racionalidade e suas categorias contribuíram para o fortalecimento ou enfraquecimento da vida. Se a vida é pensada como potência, a razão, quando aplicada à vida, nos despotencializa. A racionalidade é uma máquina de enfraquecer, um modo de produzir a submissão do humano por meio da linguagem, do discurso. Nesse sentido, Nietzsche afirma o poder, valoriza o aumento da potência, mas por meio daquilo que é corpo, presença, experiência, ou seja, por meio do seu pensamento dionisíaco, como um modo de se contrapor às ordens hierarquizadas que desqualificam a vida. Mas não há como negar o apolíneo, a ordem, a forma. Por isso Nietzsche se diz um pensador trágico, pois utiliza a forma e a ordem não a favor da forma e da ordem, mas a favor da vida, do excesso, daquilo que escapa, das paixões. A relação entre ordem e desordem, força e forma, intensidade e limite é o grande desafio da vida humana. E a arte existe para permitir essa liberdade, para fazer com que essa relação possa se delinear como uma dança, uma sinfonia.

O grande poder que nos oprime, desde o nascimento, assim como a todos os seres individuais em sua luta cotidiana pela sobrevivência, é a força excessiva da natureza. Para preservar o próprio corpo, não somente da morte, mas da dor, os seres humanos, animais sem grandes atributos físicos[7], dentes ou garras, tiveram que lutar cotidianamente para vencer a imensidão que os esmagava: a ferocidade dos outros animais, as doenças, a fome, a força dos mares, do fogo. Viver em grupo aumentou o poder humano em relação à natureza, mas isso trouxe outros desafios: o desenvolvimento da linguagem e da consciência, a instauração de limites, a posse de armas, o controle de alimentos. Além da violência da natureza, a espécie também tinha de lidar com a violência de uns contra os outros por comida, por armas, por mulheres; de um grupo contra o outro, de uma cidade contra a outra. Mas cada vez mais do humano contra si mesmo, em seu processo de interiorização.

---

7 NIETZSCHE, F. *A gaia ciência*. São Paulo: Companhia das Letras, 2001.

Portanto, um dos modos de domínio do humano no mundo é por meio da força física, o controle dos territórios, a submissão dos corpos, a opressão, a escravidão, a tortura. Tudo isso é muito bem-descrito na *Ilíada*, de Homero; uma belíssima ordenação de saberes que vai de técnicas de guerra ao estabelecimento de condutas em sociedade; trazem uma técnica aliada a uma ética a partir da qual a sociedade grega foi se organizando[8]. A *Ilíada* expõe muito bem a ética da guerra e do guerreiro, que identifica a força como um valor, algo que deve ser temido e ao mesmo tempo estimulado e preservado para o bem do grupo. Por tudo isso, a força deve ter limites, a ação deve se submeter a determinadas condutas; por exemplo, nunca atacar durante a noite. Mas, além desses limites, que não eram poucos, a força era valorizada, a coragem, a disputa e a ousadia eram estimuladas. Mas havia sempre o lugar da crueldade; os gregos eram cruéis saqueadores. E o humano luta ainda contra uma outra violência, a que se dá no campo de sua interioridade, de sua virtualidade.

Outro modo de domínio, não separado daquele, é o domínio do saber. Aliado à força física, a espécie humana produz ferramentas, produto de sua capacidade de armazenar dados, de inventar, de saber. Se na *Ilíada* toda a narrativa está vinculada à força, na descrição das batalhas, nos valores, na honra do herói de guerra, no presente, na *Odisseia*, a narrativa acontece em torno não mais da força, mas da astúcia de Ulisses, e se dedica ao relato dos feitos no passado, à memó-

---

[8] Cf., de Nietzsche, "O agon em Homero". In: MACHADO, R. *O nascimento do trágico* – De Schiller a Nietzsche. Rio de Janeiro: Zahar, 2006.

ria. Quem determina não é mais o herói, como foi Aquiles, o mais forte de todos os homens; agora domina Ulisses, o que ganha a guerra não pela força física, mas pela capacidade de construir uma ficção – um cavalo dado de presente como rendição, mas que esconde em seu interior centenas de soldados que tomam a cidade de surpresa. A força vem agora oculta por trás de um desenho, de uma ideia, de uma representação, que é sempre uma ficção. E pode ser, além de uma ficção proposital, como é a linguagem e a arte, uma proposital falsificação, como foi o caso do presente dado por Ulisses aos troianos, o presente grego, o cavalo de Troia.

A aquisição da consciência, que resulta da memória e da linguagem, acumula imagens e sons; acumula representações, valores, sentidos que terminam se tangenciando, se articulando, o que faz nascer um imenso espaço de encontro, de desdobramento, de elaboração conceitual muito favorável ao pensamento.

O desenvolvimento da consciência abre espaço para o pensamento, a literatura, a música, a elaboração dos afetos. E estimula outro tipo de poder, o poder do saber, do pensamento consciente que acontece no espaço da virtualidade, ou seja, no domínio não dos corpos, mas das imagens dos corpos, do registro das palavras, da reprodução dos sons, dos signos. Em síntese, da virtualidade.

Os sonhos são a melhor imagem da virtualidade da consciência, assim como o livre-pensar, imaginar, conceber. Tudo isso pode gerar uma cultura afirmativa como a grega, especialmente no século V a.C., que utilizou o pensamento, a arte, as festas como forma de estímulo à vida, como um modo de vencer o sofrimento. A consciência, portanto, assim como a cultura, pode estar a serviço da vida. Experimentar a vida sem julgá-la, não apenas se deixar viver, mas viver dizendo sim, eu quero produzir mais vida, mais arte; isso é o que Nietzsche chama de cultura trágica, a que se utiliza do ficcional, do virtual para afirmar a presença, a experiência.

Mas a consciência é o campo moral por excelência. Esse conjunto de dados acumulados na memória, essas informações, terminam por formar uma rede, um filtro de palavras, discursos, valores que selecionam as percepções, as sensações, os impulsos corporais e mesmo os pensamentos, atuando como um tipo de filtro ou de sensor que não apenas proíbe, mas inverte a direção das forças; exatamente por estar vinculada à vontade, a consciência também pode, em função do medo, do horror diante da vida, retroagir. É quando a ação torna-se reação; ao invés do movimento de expansão, de afirmação da vida, nasce a vontade de contenção, de duração, de controle, como vontade de verdade. Ao invés do mundo e suas mudanças, o refúgio na interioridade, a ruminação, o ressentimento contra o que muda. A consciência se tornou o lugar de inversão das forças, ao contrário de uma ferramenta a favor da vida, como eterna vontade de superação.

É provável que a abertura de portas da consciência, a explosão em direção ao saber, tenha se dado com a percepção da absoluta finitude da vida. Para Georges Bataille[9], o humano saiu de sua animalidade inicial tendo consciência de que era mortal, trabalhando e tendo pudor sexual; é quando começa a

---

9 BATAILLE, G. *O erotismo*. Belo Horizonte, Autêntica, 2014.

enterrar seus mortos, há cerca de cem mil anos. A consciência da morte, ferida trágica porque imponderável, é um saber de tal intensidade, que pode gerar movimentos muito opostos: a evidência da morte, exatamente por impor um caráter transitório a tudo o que vive, pode estimular a vida, afirmando o instante como raro e único, estimulando a invenção, o risco, o riso; mas a vida pode se tornar um peso e a vontade pode retroceder, rejeitar a vida. Neste último caso, diz Nietzsche, nasce uma ponte com o além, nasce o sacerdote. A consciência, com a dominação do cristianismo, mas também do platonismo, tornou-se mais do que tudo uma instância moral que inverte a direção das forças, tornando-nos fracos e reativos, rancorosos. Por sua interioridade autopunitiva o homem se tornou um ser doente de si mesmo. A esta Nietzsche chama de má consciência.

Com o poder centrado cada vez mais na palavra, na inteligência, no pensamento, mas também na fé, o domínio da força física não desaparece; ao contrário, é o modo como permanece. A violência se sofistica por meio da consciência e da linguagem; ela se dissimula, especialmente quando se esconde por trás do discurso, como aconteceu com Ulisses e o cavalo de Troia. Poder é sempre sinônimo de domínio, como veremos, mas não de opressão. O poder não apenas limita, oprime, tortura; ele também constrói. Se todos assumissem o poder que têm, a luta seria menos desigual; mas a maioria não quer assumir o seu papel e o atribui a outro, que sempre cobra um preço muito alto por isso. É preciso acionar as forças a lutar pela vida. É preciso fazê-las falar.

Nietzsche chama a atenção para o problema da racionalidade[10], uma combinação entre a moral e a verdade, responsável pelas relações de dominação que perduraram em quase todas as épocas; não por meio da opressão, mas do enfraquecimento, da diminuição do ser humano. A busca pela verdade[11] não é movida por uma vontade de saber, mas de não saber, não ver o que é inevitável: tudo muda, nada é, tudo se transforma. O que a verdade revela é uma vontade de adquirir controle, domínio sobre as coisas, sobre a vida; mas esse controle não é possível. A instabilidade climática, possivelmente produto dessa vontade de controlar a natureza, pode gerar fenômenos que possivelmente coloquem as conquistas da ciência para sempre debaixo d'água. Ou um choque com um asteroide, e pode não sobrar mais nada[12]. Definitivamente não há controle sobre a vida, mas a Modernidade nos fez crer que havia. Temos hoje muitas verdades, estamos atolados nas certezas, mas não temos mais vida. E nem por isso ganhamos algum controle; nem sobre a natureza, nem sobre os humanos, nem sobre nós mesmos, mesmo com toda a tecnologia. Ao contrário, prepondera a violência, a brutalidade, retornam as pestes trazidas pelos mosquitos, retrocedem conquistas, retorna o perigo do totalitarismo.

Nietzsche é, antes de tudo, um crítico da racionalidade. A razão, ao contrário do que parece, não resulta de um modo

---

10 MOSÉ, V. *O homem que sabe* – Do *homo sapiens* à crise da razão. Rio de Janeiro: Civilização Brasileira, 2011.
11 MACHADO, R. *Nietzsche e a verdade*. Rio de Janeiro: Rocco, 1985.
12 NIETZSCHE, F. *Sobre verdade e mentira no sentido extramoral*. São Paulo: Hedra, 2008.

natural de pensar, mas é produto de escolhas; ela tem história, assim como a verdade. Nietzsche relaciona a história da razão e da verdade a dois momentos distintos e complementares: a modernidade científica e filosófica no final do século XVIII, ponto de partida da sua crítica, e a racionalidade clássica, nas figuras da filosofia socrático-platônica e do cristianismo, que para ele são complementares. Nesses dois momentos predomina uma determinada relação com a vida, o *niilismo*. Para Nietzsche, a razão, desde o seu nascimento na Grécia antiga até a Modernidade, advoga contra a vida; ou a culpabiliza, ou a relaciona ao erro.

Nietzsche tem a Modernidade como ponto de partida de suas críticas. Ele concebe a Modernidade como o processo de substituição de valores decorrentes da *morte de Deus*, quando os valores superiores fundados no absoluto, na essência, no Ser, em Deus, passam a ser substituídos por valores humanos, oriundos da crença na autonomia da razão como capacidade de julgar. Ao ordenar o julgamento humano, ao sustentá-lo com métodos estáveis e seguros, o pensamento racional pode, enfim, atingir a verdade. Trata-se da substituição do desejo de eternidade pelos projetos de futuro, de progresso histórico; substituição de uma beatitude celeste por um bem-estar terrestre. Não mais Deus, o homem é agora o centro; de sua capacidade de raciocínio virá no futuro um mundo melhor, sem sofrimentos, sem a exploração de uns sobre os outros. Esse entusiasmo com a ciência e com o humano é marca da Modernidade.

Mas é preciso um ser humano, uma subjetividade cada vez mais estável, capaz de sustentar essa segurança e essa certeza que a ideia de verdade exige; a consciência, instância de avaliação que vai cada vez mais se sustentar nas categorias da razão – identidade, causalidade, não contradição – torna-se ela mesma o princípio, a causa, a origem de tudo. Nasce um modelo de humano agora autônomo em relação a Deus, e consciente de si, sustentado em uma racionalidade também autônoma. O que significa acreditar que somos seres racionais, lógicos, e que seguindo o fio do raciocínio podemos atingir a causa, a origem das coisas e modificá-las.

Mas o tempo, a vida, vai mostrar que não é bem assim. Podemos fazer as coisas certas, mas isso não garante o sucesso do resultado, porque a vida responde a forças múltiplas e muito maiores do que a da nossa simples vontade. De um lado a racionalidade, sustentando um modelo de humano muito maior do que somos e que acredita na força de sua vontade; de outro a vida e suas estruturas imutáveis, sua grandiosidade na maioria das vezes intransponível. A razão humana não controla a vida, apenas porque ela também é vida; não uma estrutura abstrata, distante, capaz de julgar.

A Modernidade pode ser caracterizada como o período civilizatório marcado pelo investimento no ser humano. O humano foi travestido de Deus para que pudesse construir aqui, no mundo, o seu paraíso, a sua contranatureza. São os restos deste sonho antropocêntrico que desabam sobre nós em forma de aquecimento global, terrorismo, guerras; mas especialmente em suicídios, automutilações, depressão. O ser humano exauriu, foi esmagado pela pretensão de ocupar um lugar que ele mesmo atribuiu a Deus. Construímos para nós humanos uma imagem muito superior a que conseguimos, suportamos ou queremos atingir. Estamos sendo esmagados por uma imagem.

A passagem conhecida como *a morte de Deus* pode ser relacionada às *Meditações cartesianas* que fazem nascer o sujeito moderno, o sujeito do conhecimento, definido na máxima "Penso, logo existo". Aqui, de posse do que concebe como dúvida sistemática, Descartes parte em busca de certezas, de afirmações indubitáveis enquanto distingue e afasta o território da incerteza, da insegurança, os sentidos, o sonho, a loucura. E fica o pensamento como estabilidade. E, da segurança dada pela virtualidade do pensamento nasce o eu, o sujeito agora estável que refaz o caminho da dúvida, reconstruindo o mundo e Deus, sob a perspectiva não mais da experiência, sempre cheia de erros, mas do pensamento argumentativo. Não existo porque sinto ou percebo, existo porque penso. A essência do homem moderno é o seu pensamento. Mas não se trata de qualquer tipo de pensamento, trata-se de um tipo específico proposto pelo método criado por Descartes, aquele que nos livra dos erros dos sentidos, afasta os mitos, as emoções, as fantasias e nos permite atingir a verdade. É esse homem moderno, essa ciência moderna que começa a nascer, que vai matar Deus.

Nietzsche se posiciona quanto à certeza cartesiana dizendo: "um pensamento vem quando *ele* quer, e não quando *eu* quero. De modo que é um *falseamento* da realidade efetiva dizer: o sujeito 'eu' é condição do predicado 'penso'"[13]. Não existe um substrato sujeito por trás do pensamento. Pensar não é uma atividade exercida por uma entidade única. Por trás de todo pensamento tem paixões que se chocam. O eu é a ficção construída para conter essas forças; dar a elas um contorno, um formato. O pensamento, mesmo depois de submetido à moral da consciência, ainda responde a atividades instintivas. A opção de Descartes é exatamente afastar essa porção inconsciente, inconstante, móvel, e valorizar no homem o que é, ou lhe parece estável, o pensamento racional. E, de algum modo, consegue.

Descartes é o grande impulso para a revolução científica moderna porque liberta a argumentação dos limites da fé, instaurando a dúvida como método, como princípio para atingir a verdade, além de ser responsável pelo surgimento desse humano que deve consertar o mundo; mas a modernidade no sentido que Nietzsche lhe atribui, como *morte de Deus*, atinge o seu máximo com a filosofia kantiana, onde a razão propõe sua própria crítica. Afastando as especulações sobre o suprassensível, sobre Deus, e estabelecendo os limites de sua atuação, a razão se torna cada vez mais firme, mais segura; portanto, mais verdadeira. Esse afastamento mostra, no entanto, que essa ruptura ainda está sustentada pelos mesmos pressupostos. Não mais a vida depois da morte, mas o futuro é a terra prometida, produto do progresso da razão humana em direção à verdade. Mas o que é a verdade?

---

13 NIETZSCHE, F. *Além do bem e do mal – O anticristo, ecce homo*. Porto Alegre: L&PM, 2016, af. 17.

A verdade é produto do discurso, daquilo que foi estabelecido como sendo verdadeiro:

> Se alguém esconde alguma coisa atrás de uma moita, procura-a nesse preciso local e a encontra, nada há de louvável nessa pesquisa e nessa descoberta; no entanto, acontece o mesmo em relação à procura e à descoberta da "verdade" no domínio da razão[14].

Nietzsche denuncia a verdade como mais uma invenção humana: a verdade é uma ideia, uma construção do pensamento, uma ficção, ela tem história. A pergunta a ser feita talvez fosse: Por que precisamos da verdade? Ou melhor, que tipo de humanidade produziu essa necessidade? "Quem" realmente nos coloca questões? "O que" em nós aspira realmente à verdade?[15] Em outras palavras: O que queremos com os valores que criamos? Com essa inversão feita no modo de perguntar, Nietzsche constrói sua genealogia, instaurando a necessidade argumentativa de duvidar do valor dos valores que carregamos.

O que sustenta a ideia de verdade é a crença de que na origem de tudo, no princípio, reside a essência, antes do erro, da corrupção. Então a verdade é algo primordial, puro, que deve ser buscado. Isso surgiu, diz Nietzsche, da necessidade de atribuir um nascimento divino para as coisas, uma forma de despertar o sentimento de soberania do homem. A preciosidade da origem remete à ideia de revelação, onde as leis são dadas por Deus aos homens, "quer dizer, da

---

14 NIETZSCHE, F. *Sobre verdade e mentira no sentido extramoral.* Op. cit.
15 NIETZSCHE, F. *Além do bem e do mal...* Op. cit., af. 1.

afirmação de que a sabedoria das leis não é de origem humana [...], mas que sendo de origem divina é total, perfeita, sem história, um presente, um prodígio[16].

É exatamente esse princípio como unidade essencial que Nietzsche vai atacar. É preciso, ele diz, fazer uma história dos valores morais. Ao contrário de serem divinos, os valores respondem ao jogo de forças da história, um campo de forças de interesses diversos em choque. Os valores, aquilo que temos em mais alta conta, o que chamamos de Bem, resulta de uma guerra de interesses distintos, de um conflito; não provêm de uma verdade essencial e única, intocável, pura, mas de uma luta plural e violenta, um constante jogo de relações e resistências, onde forças lutam por domínio. Dependendo do que chamamos de bem estaremos privilegiando uns e não outros. O poder resulta do discurso. Nomear é conferir valor.

Nietzsche afirma o processo de formação dos valores como um campo de batalhas, mas essa guerra não acontece apenas na cultura; ela é a forma primordial da natureza, da *physis*. Quando *Zaratustra* afirma "Onde encontrei vida, encontrei vontade de potência"[17], o que se ressalta é que todo tipo de vida, toda manifestação de vida, não apenas da vida

---

16 "Da origem das religiões – Sob o império das ideias religiosas adquiriu-se o hábito de representar um 'outro mundo' (um 'pós-mundo', um 'super-mundo' ou um 'sub-mundo') e a destruição das ilusões religiosas vos deixa a impressão de um vazio inquietante e de uma privação. Então renasce desse sentimento um 'outro mundo'; mas, longe de ser um mundo religioso, é apenas um mundo metafísico" (NIETZSCHE. *O anticristo*. Porto Alegre: L&PM, af. 57).

17 NIETZSCHE, F. "Do superar a si mesmo". In: *Assim falou Zaratustra*. São Paulo: Cia das Letras, 2011.

humana, é uma luta: "tudo o que ocorre, todo movimento, todo vir a ser é um constatar de relações de graus de forças, um combate"[18]. A luta é o substrato; a batalha pensada como princípio de tudo, e não um ser único, eterno, imutável. Não mais a identidade, mas a pluralidade em choque, a ação. Em Nietzsche a base das relações de poder seria o encontro belicoso de forças, diz Foucault, a luta.

A potência da vida vem do choque; então é preciso aprender a lidar com ele, aprender a se fortalecer. Pensar a vida tendo como princípio a verdade e o ser, como unidades essenciais e puras, é nos fazer eternamente reféns de modelos inatingíveis, de ideais. Isso nos enfraquece. A força vem da compreensão da vida como luta[19], como um confronto de forças, começando consigo mesmo. Cada humano é um campo de guerra. Cada vontade, a resultante de uma luta. A única coisa que não muda na vida, a única verdade, é que tudo muda. O que produz duração são os nomes, os valores que damos a elas. O poder vem de nomear, de dar valor. O poder vem do saber, do conhecimento, especialmente quando adquire valor de verdade.

Nietzsche pensa a vida como potência que pode ser negada ou afirmada pela vontade. Ter força é ser capaz de par-

---

18 NIETZSCHE, F. *Fragmentos póstumos* – Outono de 1887, af. 9 (91). [s.n.t.].
19 A ideia de luta, de batalha, aqui não está relacionada ao conceito que temos de guerra, mas ao modo como o entendiam os gregos na Antiguidade, como *agon*, disputa. As olimpíadas são um bom exemplo de como a ideia de batalha pode ser positiva. Uma batalha de *rappers*, por exemplo, tem princípios e um código de ética, mas permanece o choque, a luta; é essa luta que Nietzsche identifica no princípio da vida, essa força que quer eternamente se superar, ir adiante. O contrário é a depressão e a morte.

ticipar do jogo múltiplo e excessivo da vida, compondo um campo capaz de manter algum tipo de ordem, de duração. As forças da vida se ordenam em campos de força. As forças podem ser ativas quando dão vazão àquilo que podem, ou podem ser reativas quando são afastadas daquilo que podem, quando estão impedidas de exercer sua força e reagem. Afirmação e negação estão presentes no campo de forças, mas não são valores em si; ao contrário, se constituem a partir do campo. Às vezes é preciso negar para afirmar. Pensar a vida como vontade de potência é considerar não mais a origem, mas o campo de batalhas onde a vida se dá, é entender a complexidade do processo que se dá como uma luta. O que determina finalmente o caráter afirmativo ou reativo da vontade diz respeito à resultante: quando em um campo predominam forças ativas, ele é afirmativo; do contrário, predomina a reação. Mas, para compor um campo afirmativo, a vontade precisa elevar sua afirmação à vida à máxima potência, afirmando-a inclusive em seu caráter trágico. A afirmação do inevitável, o sofrimento, a morte como parte da vida é condição para uma afirmação da vida em toda a sua potência. A arte é o grande estimulador da vida, diz Nietzsche, especialmente a música.

Nietzsche não faz, absolutamente, uma crítica da invenção de fórmulas e de mapas capazes de reduzir a multiplicidade do mundo a um conjunto de sinais, que acabarão se compondo em um universo virtual como o nosso hoje na internet, mas chama a atenção para o caráter fictício desse processo de significação que adquiriu valor de verdade. As simplificações da linguagem e do pensamento permitem à humanidade se relacionar com as forças extremamente poderosas e múltiplas da vida, e isso confere poder. Para que uma determinada espécie possa se conservar e crescer em seu poder, ele diz, é preciso que sua concepção da realidade abrace bastante coisas calculáveis e constantes, para que possa construir sobre elas um esquema de sua conduta[20]. O problema nasce quando as palavras, as imagens são tomadas pelas coisas, como se o mapa do mundo se tornasse o próprio mundo, e a vida uma sucessão de mapas sobrepostos, sem corpo. É o que por fim nos tornamos, uma sucessão de nomes e números, certezas, verdades, um acúmulo de imagens, que morre de medo na madrugada, medo da vida, do tempo, da morte, da dor. Crianças ainda, por dentro.

O processo da vida é extremamente complexo. Uma infinidade de forças está sempre atuando, se chocando, se confrontando, dominando e se submetendo, para que um mínimo acontecimento, um mínimo corpo se manifeste. Mais do que isso, trata-se de um processo interpretativo cujo jogo de resistências e imposições é determinado pela vontade de expansão, a vontade de potência.

Quando uma mulher engravida, o corpo a princípio interpreta como um erro e tenta eliminar o óvulo recém-concebido. Demora um tempo, em geral três meses, até que esse novo corpo seja aceito, portanto, reinterpretado como um bem. É este jogo complexo e imprevisível que determina o

---

[20] NIETZSCHE, F. *Fragmentos póstumos* – Primavera de 1888, af. 14 (122) [s.n.t.].

que um corpo, um costume, uma coisa, um órgão, é. Tudo o que vive luta para viver, a vida é uma luta, um jogo interpretativo, que quer sempre ir adiante. E toda dominação é um interpretar de modo novo, um ajustamento da coisa a novos fins. É no campo da interpretação, do saber, que se dão as relações de poder, mesmo no corpo, na natureza. O que determina uma relação de poder é a interpretação, que é o mesmo que avaliação, valoração. A moda, por exemplo, nasce de um tipo de valor que passa a ser dado a determinado corte ou tecido. Por trás dos objetos tem sempre um valor sendo vendido.

A luta por poder está, portanto, na base da vida. Quando a luta de um determinado corpo acaba não há mais vida; vida é tensão, luta, movimento. O problema não está nas relações de poder, mas nas cristalizações, nas concentrações, nas obscuridades criadas para sua manutenção, nos jogos dissimulados de apropriação, nas artimanhas, na covardia que se perpetua em busca de duração; é contra estes jogos que é preciso lutar. A transparência dos processos, o acesso à informação torna mais digna a luta, diminui a exploração e a desigualdade. Abre espaço.

Foucault, as narrativas em combate no campo de forças da história

A questão do poder não foi o ponto de partida das análises de Michel Foucault[21], mas a questão do saber e da ciência,

---
21 MACHADO, R. *Foucault, a ciência e o saber*. Op. cit.

mais especificamente a questão da racionalidade. O que inicialmente motiva o seu trabalho é um determinado posicionamento com relação à epistemologia, um tipo de abordagem filosófica aliada a uma análise histórica, que tem como objetivo discutir os graus de cientificidade de uma determinada ciência. A história da razão sempre foi o interesse de Foucault, mas a partir de uma nova abordagem, de um novo olhar. Enquanto a história, na perspectiva epistemológica, investiga o grau de verdade de uma ciência, a *Arqueologia do saber*, de Michel Foucault, coloca em questão a própria ideia de verdade, desconsidera uma linha evolutiva da história e destitui a ciência como instância capaz de julgar todos os saberes.

Em *A história da loucura* ele estuda em diferentes épocas os diversos saberes sobre a loucura, buscando estabelecer as condições de possibilidade do nascimento da psiquiatria. Dessas relações, que se manifestam quando se considera uma mesma época ou quando relaciona épocas diferentes, surgem compatibilidades e incompatibilidades, se estabelecem regularidades, são identificadas formações discursivas. Sem a submissão a um saber superior a todos os outros, Foucault reflete sobre as ciências do homem como saberes, sem pressupor sua cientificidade. Busca considerar o que foi efetivamente dito e deve ser aceito como tal, e não produto de um julgamento a partir de um conhecimento superior.

Foucault faz o caminho oposto ao da epistemologia; ao contrário de controlar os procedimentos, as variáveis, para garantir a segurança de um resultado, ele abre o campo do saber para a exterioridade, articula o saber médico com as práticas de internamento e estas com a política, a família, a Igreja, a justiça, relacionando ainda causas econômicas e sociais para pensar as modificações institucionais que se deram. Considera artigos de jornal, a arquitetura, o mobiliário, as receitas, a literatura; ele estuda sempre nos arquivos, até demonstrar como a psiquiatria, ao contrário de ser quem descobriu a essência da loucura, é a radicalização de um processo de dominação do louco e da loucura, pela razão. Muito possivelmente, o lugar de doença dado à loucura tenha sido uma necessidade preparada há muito tempo na história de nossa cultura, mas de nenhum modo determinado pela própria essência da loucura, daquilo que de fato ela é. Em outras palavras, a loucura foi construída pelo que se disse a seu respeito, especialmente aquilo que foi sendo tecido nas práticas, por necessidades políticas, institucionais, muito mais do que elaborações teóricas ou pesquisas científicas.

Uma das questões fundamentais, senão a mais fundamental, tratadas em *A história da loucura* é a relação loucura/razão, que mostra como a história da loucura não pode ser desvinculada da história da razão. Razão e loucura são produto de uma polarização que, de um lado, produziu a razão como positividade, como afirmação, e, de outro, a loucura como negatividade, como ausência de razão. Dito de um outro modo, para fundar essa razão moderna, essa razão estável e segura de si mesma, foi preciso que a loucura fosse excluída do domínio da linguagem, ou seja, que não falasse mais, que não tivesse mais voz. Esta cisão produziu não somente a oposição entre razão e loucura, mas produziu necessariamente o domínio da primeira sobre a segunda; a razão é aquela que deve tratar a loucura. De um lado um médico que detém a palavra, o saber, de outro um paciente que, por ser louco, perde seus direitos civis, perde a palavra, o que diz é produto de sua doença.

A exclusão dos loucos a partir do século XVII é apenas a parte visível deste processo; não é apenas a fala do louco e sua vida que é excluída do convívio e do discurso, mas um tipo de fala, um tipo de pessoa, um modo de vida que deve ser excluído do convívio e do discurso racional, o discurso verdadeiro. A linguagem da psiquiatria, que é monólogo da razão sobre a loucura, só se deu sobre tal silêncio: a loucura, incapaz de razão, é capturada pela medicina que, por sua vez, detém a verdade sobre a loucura. Mas a verdade da razão é aquilo que ela quer obstinadamente esconder: o seu fundamento, sua verdade mais íntima é a loucura. Podemos, portanto, contar a história da razão a partir não daquilo que ela explicita, mas daquilo que esconde. O que precisamos excluir para sermos racionais? Uma subjetividade e, enfim, precisou ser construída para que o poder dado a Deus na Idade Média pudesse ser sustentado e proferido por um humano. Ao mesmo tempo que Foucault trata dessa exclusão da loucura, vai permitindo que possamos traçar quem somos, um sujeito que acredita que pensa, quando é pelo suposto saber que é manipulado.

Foucault, assim como Nietzsche, vê o pensamento cartesiano como o surgimento deste tipo de subjetividade que nasce da recusa, da negação do aspecto trágico da existência, a instabilidade, a dor, a morte, em nome da afirmação da estabilidade da razão, como se fosse possível evitar o que é inevitável.

A razão nasce da exclusão de sua porção instintiva, agressiva, do seu caráter trágico, inexorável, mundano. Mas essa negação é superficial e inútil, já dizia Nietzsche; a maior parte de nossas atividades racionais ainda responde a forças instintivas. Pretendeu-se que, se vivêssemos em um mundo da razão, poderíamos nos livrar desta instintividade, desta violência, mas isso é inteiramente falso[22], diz Foucault. A racionalidade é o que programa e orienta a ação humana, sua conduta, e isso não exclui a violência, ao contrário, mesmo nas formas mais violentas há racionalidade; mais do que isso, a violência é tão mais perigosa quanto mais é racional, como nos crimes premeditados. O fato é que não há incompatibilidade entre violência e razão, ao contrário, a violência encontra sua ancoragem mais profunda e extrai sua permanência nesse tipo de racionalidade. Não é a razão que combato, diz Foucault, mas o tipo de racionalidade que utilizamos.

A história é uma narrativa, uma interpretação, e representa as forças que dominam. Mas as forças dominadas continuam agindo, se organizando, resistindo, o que quer dizer que, debaixo de cada fato, de cada coisa, de cada palavra, de cada pessoa estabelecida permanece uma luta que busca desfazer essa estabilidade. Sob cada sentido permanece o fluxo inalterável e vazio da ausência de sentido[23]. As palavras não

---

22 FOUCAULT, M. "Foucault estuda a razão de Estado". In: MOTTA, M.B. (org.). *Ditos e escritos IV*: Estratégia poder-saber. Rio de Janeiro: Forense Universitária, 2003.

23 FOUCAULT, M. "Loucura, ausência de obra". In: *Ditos e escritos I*: Problematização do sujeito: psicologia, psiquiatria e psicanálise. Rio de Janeiro: Forense Universitária, 1999.

têm de fato consistência; cada palavra é um acordo que fazemos. Quando definimos gênero, por exemplo, o que é uma mulher, um homem, estamos definindo de algum modo o espaço em que devem existir, o modo como eles devem e podem ser. Mas essas conceituações se transformam durante as épocas, exatamente porque as forças rejeitadas continuam forçando os limites que vão se abrindo com o tempo, até explodirem em mais de 30 gêneros, como é o caso hoje, ou até terem tantos gêneros quanto pessoas, momento em que a palavra gênero terá se tornado inútil. A sanidade do discurso é um acordo provisório e superficial; todos sabemos, um vinho, uma paixão, uma obstinação, um rancor, uma dor, um desacerto podem facilmente suspendê-la.

A luta por excluir a loucura do discurso, gesto que produz a razão moderna, não somente quer a exclusão, mas a eliminação da loucura da face da cultura, diz Foucault, com o objetivo de eliminar tudo que não seja razão; o exterior, o excessivo, emotivo, passional, desconhecido, instável, estranho, representados na figura do louco. A questão a ser levantada talvez fosse: Até quando vamos insistir nessa recusa? Não foi somente a loucura que ficou mais triste e mais pobre, confinada nos hospícios, mas a razão humana que se tornou cada vez mais arrogante e invasiva, e ficou sem vida, sem as variações de intensidade da paixão, sem a sensibilidade dos afetos, sem o delírio profético dos loucos, sem a força dos mitos. O que busco ressaltar não aponta na direção de tornar a ciência louca ou de fazer da fala louca uma ciência, apenas mostrar como pode ser mais rico fazer conviver o saber metódico e sistemático da ciência com os saberes populares e intuitivos das benzedeiras, com os ritos populares em busca de chuva, com os afetos dos pacientes, com o medo da morte, com a incerteza que é a vida. Falta modéstia na ciência, sempre tão provisória; falta vida.

A pesquisa arqueológica, em *A história da loucura*, mostrará, enfim, que não se tratava do nascimento de uma ciência, a Psiquiatria, sustentada por um corpo teórico consistente, mas da institucionalização de uma prática social, de um discurso. O saber que foi se constituindo sobre a loucura estava vinculado às práticas institucionais de internamento; ou seja, as forças determinantes não poderiam ser encontradas em uma relação direta com o poder do Estado, mas por uma articulação com os poderes locais, específicos. O poder médico, por exemplo, determinando vidas, definindo hábitos, diagnosticando impossibilidades que passam a estabelecer limites, que por sua vez excluem ou inserem pessoas. O poder do saber médico é um dos temas insistentemente tratados por Foucault em diversas de suas obras; a medicalização da vida, os diagnósticos e técnicas com valor de verdade que atuam sobre o corpo, catalogando-o.

O que fica cada vez mais evidente para Foucault em suas pesquisas é a existência de outros poderes diferentes do poder do Estado, articulados a ele de modos distintos e indispensáveis, atuando nas pontas, controlando a vida das pessoas e seus hábitos; mas também no jogo inverso as pessoas exercendo pressão desde baixo, produzindo resistências que não são necessariamente absorvidas pelo Estado. Com esta concepção Foucault, afirmando os micropoderes, desconstrói a versão do poder como centralizado no Estado, e desfaz também a percepção do poder como necessariamente repressivo. Quando se torna discurso, quando atinge os corpos, os hábitos, a vida diária o poder não nos controla reprimindo, mas incentivando condutas, por meio de verdades produzidas. Quem nos controla cada vez mais são discursos. A este poder Foucault chamou de Poder Disciplinar.

As relações de poder, ele diz, funcionam como uma rede de dispositivos ou mecanismos que atinge a todos, não se concentram em núcleos ou centros, mas caracterizam-se por campos de força, tensões que se fazem e desfazem. Na verdade o poder não existe, existem relações de poder, onde há poder ele se exerce. Múltiplas relações de poder atravessam e constituem o corpo social, e essas relações não se estabelecem sem a produção e a circulação do discurso. É no domínio do saber e da informação, no espaço de produção das verdades, que reside o modo de atuação do poder. Mas não existe um mundo dividido entre o discurso admitido e o discurso excluído; o que se dá é uma multiplicidade de elementos discursivos que participam de estratégias diferentes. Saber e poder se implicam; não há relação de poder sem um campo de saber. E todo saber constitui novas relações de poder.

O aspecto repressor não é a pior face do poder, porque sendo visível, explícita, negativa, provoca resistências. Já o Poder Disciplinar agindo diretamente nos corpos, adestra condutas, gestos, emoções, afetos, vontades, por meio de práticas diárias, de hábitos, que atuam sobre o corpo, adestrando-o.

O poder capilar é a capacidade de controle do poder agindo sobre suas terminações; não se trata mais de dominar a multidão, agora cada indivíduo é capturado, um a um, pelo sistema de valores que antes de tudo quer fazer comprar alguma coisa, qualquer coisa. E esses hábitos, essas práticas diárias capturam um modo específico de viver, como se fosse o único. Durante a vida somos capturados por diversos modelos, articulados a diversos sistemas autoritários, na escola, no trabalho, no lazer. Cada indivíduo é não somente normatizado, como normatiza a todos como modo de devolver a imposição que recebe. Uma multidão de vigilantes, olheiros, juízes, julgando uns aos outros; no fim, todos vítimas de si mesmos. O poder disciplinar se sustenta principalmente na vigilância, não somente das câmeras cada vez mais presentes, mas no olhar do outro, na presunção do seu julgamento, na vontade de agradar. Mas não há ninguém a ser agradado; há um jogo, o moto-contínuo da produção e do consumo, das máquinas que precisam rodar, a economia que precisa continar crescendo. O poder não reprime mais o indivíduo; ele produz um indivíduo à medida do consumo, de tipos específicos de consumo, dependendo da época, do mercado.

> As mudanças econômicas do século XVIII tornaram necessário fazer circular os efeitos do poder por canais cada vez mais sutis, chegando até os próprios indivíduos, seus corpos, seus gestos, cada um dos seus desempenhos cotidianos. Que o poder, mesmo tendo uma multiplicidade de homens a gerir, seja tão eficaz quanto ele se exercesse sobre um só[24].

---

24 "O olho do poder". In: FOUCAULT, M. *Microfísica do poder*. Op. cit.

Trata-se, portanto, de uma sofisticação das relações de poder; afinal, é mais barato e mais simples vigiar do que punir. O que Foucault chama de poder disciplinar[25] é esse novo modo de dominação que não age de fora para dentro, reprimindo; age de dentro para fora, constituindo um tipo determinado de indivíduo, de subjetividade.

O poder disciplinar atua especialmente dividindo, mapeando, esquadrinhando o corpo, o dia, até o sujeito perder a posse de sua vida, que vai ficar cada vez mais empenhada nas mãos de algum especialista, de alguém que sabe. Estamos chegando a um grau tão sofisticado de refinamentos do exercício do poder, que a crueldade das execuções públicas da Idade Média pode parecer banal. Formar, não apenas por meio da escola, mas dos discursos instituídos como práticas discursivas, pessoas cada vez mais doentes de si mesmas, porque se autotorturam moralmente, mas também pessoas que se machucam, se ferem, se matam. O poder repressivo lhe fere; no poder disciplinar você se fere.

Se antes o poder usava a força das armas, a ameaça, para dominar os indivíduos, para submetê-los, com a sofisticação permitida pela racionalidade moderna, ele agora cria um indivíduo fraco, que apenas obedece exatamente quando está acreditando exercer poder. E o estímulo à fraqueza, que Nietzsche já denuncia no século XIX, não está sustentado apenas na utilidade do sujeito que agora obedece, mas também porque o mercado tem muitos produtos destinados a quem sofre, especialmente de depressão. Então, é preciso

---

[25] "Soberania e disciplina". In: FOUCAULT, M. *Microfísica do poder*. Op. cit.

estimular o mal-estar. E eu sou diagnosticado com a sensação de que agora sim estou sendo tratado; mas, quem sabe, a depressão tenha sido cavada em mim por um mercado que precisa de deprimidos para se manter. Não me refiro à inexistência da depressão, mas ao exorbitante número de deprimidos, automutilados, suicidas. Esse é o poder do discurso, da manipulação da informação com o objetivo de submeter, de diminuir. Essa é apenas uma faceta dessa guerra pelo consumidor, que já quer ser chamado de cidadão.

Somos julgados, condenados, classificados, obrigados a desempenhar tarefas e destinados a um certo modo de viver, ou de morrer, em função dos discursos médicos, jurídicos, estatísticos, estéticos que trazem consigo efeitos específicos de poder. O poder produz realidades, inclusive esta ideia corrente de que o poder é algo distante, posse de poucos, um sistema muito estruturado, infalível, e que as lutas pequenas são inúteis; isso já é um discurso de submissão, o bicho-papão do poder. O poder está em todos os lugares, e onde há poder há resistência.

As relações de poder são relações de força; portanto, são sempre reversíveis. É exatamente porque há possibilidade de resistência, que aquele que domina tenta se manter com mais força. Mas a luta é eterna e multiforme. Há milhares e milhares de relações de poder, microrrelações de força, pequenos enfrentamentos. Sim, essas lutas podem ser absorvidas pelo Estado, mas não necessariamente. No entanto, o poder do Estado, necessariamente, para se manter, precisa dessas relações de força, desses micropoderes. É nessa capacidade capilar de atingir as pontas da rede, o corpo dos indivíduos, que o grande poder se sustenta. E é nessa comunicação direta com os indivíduos, aberta pelas relações de dominação, que as lutas contra todo tipo de dominação podem e devem se dar.

A guerra da informação

A vida é um campo de forças, uma rede de tensões, resistências; não uma linha capaz de caber em nossa interpretação causal da história. Fica sempre muita coisa de fora. O que é preciso excluir da vida para compor um discurso? Ou, ainda, o que a razão precisou excluir para ganhar certeza e cientificidade? O delírio, as paixões, os afetos, a fantasia, a leveza, a poesia, o corpo, a vida? A máquina da racionalidade trabalha no sentido contrário ao da vida.

A genealogia que Nietzsche constrói quando coloca em questão o valor dos valores foi muito bem-apropriada por Foucault, para quem

> genealogia é o acoplamento do conhecimento com as memórias locais, permitindo um saber histórico das lutas e a utilização desse saber nas táticas atuais. [...] Trata-se de ativar saberes locais, descontínuos, desqualificados, não legitimados, contra a instância teórica unitária que pretende depurá-los, hierarquizá-los, em nome de um conhecimento verdadeiro, de uma ciência detida por alguns. [...] Trata-se da insurreição dos saberes não tanto quanto aos conteúdos, aos métodos e aos conceitos de uma ciência, mas a insurreição dos saberes, antes de tudo,

contra os efeitos de poder centralizadores que estão ligados à instituição e ao funcionamento de um discurso científico, organizado no interior de uma sociedade como a nossa[26].

São os efeitos de poder próprios a um discurso que a genealogia deve combater. O maior espaço de resistência ao poder é a luta contra o valor de verdade dos discursos. A questão política mais importante diz respeito ao regime econômico, institucional, político de produção da verdade, que, no século XXI também quer dizer da manipulação e do controle da informação. A verdade não existe fora do poder ou sem poder. Cada sociedade tem o seu regime de verdade, sua *política geral da verdade*, isto é, os tipos de discurso que ela acolhe e faz funcionar como verdadeiros. São esses discursos, aparentemente inofensivos e dispersos, que nos guiam.

O pensamento em rede é o pensamento mais próximo do orgânico, mais próximo da infinidade de trocas do corpo, em sua complexidade. Os sistemas que se retroalimentam – o digestivo, o sanguíneo, o respiratório, círculos que vão se encontrando, se tangenciando, produzindo e trocando informações, a partir de um centro de memória e compartilhamento, que é o cérebro. Uma ordenação em rede é, em si, mais democrática, mais aberta, mais favorável à diferença; portanto, mais próxima da vida do que o modelo verticalizado, polarizado, excludente, que sempre nos guiou. Mas o fato de não ter centro, ou melhor, de ter infinitos centros nesse modelo, circuitos integrados em rede, faz com que tudo se

---

[26] "Genealogia e poder". In: FOUCAULT, M. *Microfísica do poder*. Op cit.

disperse. Precisamos aprender a lidar com a rede e com as novas relações que trazem os novos modelos.

Estamos todos implicados em uma rede de virtualidade, de visibilidade, de informação, qualificada ou não. Estamos todos muito próximos uns dos outros; já não há mais lugar para exclusão. Todos têm poder, ao menos o de destruir. Qualquer um pode construir um sistema de destruição, mas também um de criação. Temos infinitos exemplos de como a capacidade de reunião na rede produziu coisas incríveis, comoventes, inovadoras, cidadãs. A revolução tecnológica tornou quase infinita nossa memória externa; construiu sistemas altamente sofisticados de conexão; temos um imenso cérebro em ação, sem um impulso único, uma vontade única por trás. Uma somatória das ações, dos desejos, dos humanos na rede a compõem; os passos que damos, as imagens que postamos. O que determina a rede é o uso, o usuário. Está tudo disponível; basta saber acessar, filtrar, interpretar, propor.

Para isso precisamos fortalecer o pensamento, a autonomia, a ousadia intelectual e artística, para alimentar novos e mais democráticos movimentos nessa rede. Precisamos melhorar o nível da conversa. Isso é exercer poder neste século; isso é fazer política. Educação não se reduz à escola; ao contrário. O problema está em fortalecer as pontas, as terminações, os poderes microfísicos, para diminuir as desigualdades nos confrontos, que se dão quase sempre por meio de discursos.

A possibilidade objetiva de conectar bilhões de pessoas, de fazer com que possam falar, postar, compartilhar informações; a possibilidade de articular de modo sofisticado essas informações em centenas e milhares de categorias, percebendo as gradações das respostas, os respiros, isso me faz crer que estamos próximos do sistema de gestão de cidades, de grandes grupos, onde a participação direta das pessoas pode tornar obsoletas as atuais lideranças. As pessoas não serão obsoletas; ao contrário, terão se tornado cidadãos porque precisarão participar diariamente de sua cidade por meio de formas simples, diretas e seguras de fazer isso. Mas as representações políticas, os atravessadores sociais, estes sim, poderão ainda existir, mas não terão tanto poder.

Se antes, na estrutura verticalizada em que vivíamos, acessar o poder era algo quase impossível, dependia do QI – dizíamos: Quem Indica –, hoje, cada vez mais a visibilidade das câmeras celulares e a facilidade de compartilhamento expõe e depõe ídolos. Mas também expõe empresas, como foi o caso da American Airlines e tantas outras. Atores, jornalistas, políticos brasileiros, mas também estrangeiros, atingindo de frente a máquina de fazer filmes de Hollywood, a equipe olímpica americana.

Trata-se de uma nova correlação de forças, uma nova luta. Como o poder se caracteriza por um conjunto de relações, um campo de forças, quando alguns perdem poder, outros ganham. O fortalecimento excessivo daquele que denuncia, expõe, não pode gerar distorções? Haverá sempre ética por trás das denúncias? Isso não pode se tornar um novo tipo de opressão? Pensar com complexidade exige considerar sempre diversos aspectos de uma questão, com honestidade intelectual. Vivemos tempos extremos.

Estamos no tempo das microlutas, que já se tornaram grandes lutas, como a que defende a diversidade de gêneros, cada vez mais a bandeira de uma juventude que nomeia e expõe diversos modos de ordenação, diversas gradações entre as polaridades homem e mulher, as várias nuanças entre masculino e feminino; a luta pela posse do corpo levada adiante pelas mulheres, contra a violência, o assédio; a luta contra a discriminação racial, que se dá no corpo, na pele; a luta pelo controle de sua própria alimentação, a alimentação orgânica, vegana, vegetariana; mas também o do uso das bicicletas contra os carros, o direito ao consumo de drogas, ao aborto, o direito à morte assistida.

O cidadão quer voltar a ter posse do seu corpo, de sua vida. E expande para uma relação com a terra, por novas formas de cultivo, a economia circular, economia verde, criativa; o cuidado com os animais; entre tantas outras lutas. Foucault viu isso nascer, esses movimentos, mas não viu a explosão da internet e a polarização das redes sociais, o risco da dispersão, o rompimento do tecido social pela polarização das forças dispersas sem eixos comuns. Estamos perdendo o ponto comum, que é a luta contra todas as formas de dominação, de opressão, de exploração. Especialmente a luta contra a máquina do consumo, esta que quer nos fazer comprar aquilo que eles têm para vender, seja o lixo que for.

É fundamental articular as lutas, retroalimentando as forças a partir de causas comuns. A causa dos professores é muito próxima das causas dos alunos, mas eles rivalizam. Articular as microlutas em instâncias, fortalecendo o poder da conexão entre elas, com a razão única de proporcionar o seu fortalecimento, é uma meta. Criar redes entre os diversos grupos, potencializando as ações por meio da articulação das lutas a partir de princípios comuns.

Mas pensamos por oposição, por polaridades. Não aprendemos a compor. Não sabemos fazer acordos, abrir mão, ceder, ir ao encontro. Mas estamos sendo obrigados a aprender. Podemos nos munir como cidadãos, especialmente com as novas mídias. E quem sabe, desenvolver um raciocínio mais amplo e mais vivo, que seja uma ferramenta contra a manipulação. Um novo modo de pensar que inclua os afetos, o corpo, as contradições. Pensar de modo mais amplo e rápido, para conceber saídas para nossos enormes impasses. E há saídas. Mas é preciso criar, não mais repetir. Um poço, diz Nietzsche, demora para saber o que caiu em seu fundo. Mas somos poços rasos demais; temos respostas prontas. Pensar exige calma, paciência. É preciso degustar para perceber os graus mais finos, as nuanças.

É urgente parar de pensar em linha para pensar em rede, e isso inclui aprender a ouvir, ser mais modesto, acreditar menos na verdade, abrir a questão para sempre novas interpretações, pespectivas, não ter medo de articular, aprender a retroalimentar. Em síntese, isso exige capacidade de lidar com as diferenças. Mas também coragem, capacidade de lidar com o imprevisto e com as frustrações.

É na nossa vida, no corpo de cada um de nós, no modo como nos vestimos, naquilo que defendemos em nossos discursos, que se encontram as relações de dominação. Será que eu quero mesmo isto que digo tanto que quero? Ou estou apenas querendo participar de um determinado grupo? Que tipo de poder estou exercendo quando "ajudo" as pessoas. O ódio que dissemino na rede é mesmo ódio ao outro ou apenas uma impotência minha? A quem estou servindo quando defendo este ou aquele discurso? De que modo minha vida alimenta a máquina que luto para desmontar? Será que o que eu estou defendendo não diz exatamente o contrário daquilo que acredito?

Nietzsche afirma o poder como próprio da vida. O poder é uma característica das forças que buscam sempre expansão, e resulta de uma diferença de quantidade, de aumento ou de diminuição de intensidade, que acontece em função da luta por domínio. Tudo o que vive precisa literalmente de uma determinada quantidade de forças para se afirmar, se superar. Existir, por isso, precisa buscar a potência, precisa se alimentar, se proteger; isso implica vencer a natureza, tanto a exterior quanto a que carrega consigo, o medo, a angústia, mas também os excessos, a agressividade, as paixões.

Querer a potência é próprio das forças, ou seja, daquilo que nos é dado, a natureza. Buscar mais potência é condição de possibilidade da vida; não apenas da vida humana, mas da vida como um todo. Portanto, poder para Nietzsche é uma característica das forças que estão em jogo para dar nascimento ao fenômeno que chamamos vida. O poder diz respeito às próprias relações, é a malha da qual são tecidas. Toda relação é uma relação de poder, mas não necessariamente de exploração, de submissão ou de censura. Criar, interpretar, propor também é exercer poder; viver é exercer poder.

Viver talvez seja hoje o gesto mais evolucionário. Viver não como sinônimo de aproveitar, consumir, ter prazer até morrer. Mas viver como jogar o jogo que a vida impõe, e buscar brechas, intervalos onde cada um possa jogar o próprio jogo. Uma dança com a vida. Mas dançar implica muitas coisas; são muitos gestos, delicadezas. É preciso aprender a dançar. O pensamento é um tipo de dança.

Pensar, sentir, viver são as resistências. Exercer presença, não só com pessoas, mas exercer a pura presença no mundo; consigo mesmo, na rua, onde estiver presente. Insistindo em ver, sentir, querer, insistindo em viver; esta é a resistência, viver. Menos signos e mais experiências. Menos cálculos e mais riscos. Isso abre brechas nas teias dos discursos, os improvisos, as pequenas alegrias que não custam nada.

3
Democracia e informação

Eduarda La Rocque

Estamos todos no mesmo barco, pobres e ricos, tentando conviver num mundo de profundo mal-estar, situação surpreendentemente similar à descrita por Aldous Huxley em 1946, no prefácio à 2ª ed. de *Admirável mundo novo*:

> o futuro imediato deverá parecer-se ao passado imediato, em que as mudanças tecnológicas rápidas, verificadas numa economia de produção em massa e entre uma população predominantemente destituída de posses, sempre tenderam a provocar a confusão econômica e social. Para enfrentar a confusão, o poder tem sido centralizado, e o controle governamental ampliado. É provável que todos os governos do mundo venham a ser quase que completamente totalitários, mesmo antes da utilização da energia nuclear; que o serão durante e depois dessa utilização, parece quase certo.

Huxley, há mais de setenta anos, já apontava para o risco do aumento do controle governamental, o perigo do totalitarismo, em consequência, especialmente, do conflito entre uma economia de produção em massa e a maioria da população sem muitas posses; a velha desigualdade social provocando o choque. De lá para cá, o mundo sobreviveu à Guerra Fria e instaurou uma era de euforia democrática que agora, atônitos, assistimos desmoronar, com os retrocessos recentes como o Brexit, a sucessão de Obama por Trump, a judicialização da política no Brasil[1], a corrupção espalhada por toda a parte, especialmente por aqui. Nossa curta democracia foi tomada por uma relação nada republicana entre a política e a economia. Voltamos ao risco de uma iminente guerra nuclear e assistimos a ascensão de tiranos por todo o mundo, sejam de esquerda ou direita, aonde ainda não se estabeleceram.

Regimes democráticos só sobreviverão com uma maior coesão social a partir de um alinhamento mínimo com relação a valores – ética e transparência acima de tudo –, ao invés da visão polarizada entre esquerda e direita. A direita culpando o Estado pela ineficiência do sistema e a esquerda culpando a ganância do mercado pelas mazelas sociais. Ambos com razão. O tecido social fica esgarçado e aumenta significativamente o risco de ascensão de ditadores.

---

[1] Tal como aponta Moreira (2017), "A formulação de cidadania já nasceu frágil e ultrapassada na Constituição de 1988, por ser garantida por leis que visionam uma conquista, ou seja, institucionalizam a luta – tirando-a da arena política e levando-a para a arena jurídica, gerando um regime ineficiente de privilégios legalizados e desigualdades legitimadas" (MOREIRA, M.). *Do acesso à justiça para a cidadania à construção da cidadania para a justiça*: decodificando o papel da justiça itinerante. Rio de Janeiro: UFF [Tese de doutorado].

Cavalcanti Netto, em *Democracia: um mito*[2], foi capaz de descrever muito apropriada e sarcasticamente, há dez anos, tudo o que estamos vivendo, especialmente no Brasil. "Hoje [ele diz], em vez de solução, a democracia é o problema. Buscando votos a qualquer custo, ela se desdobra em concessões, frouxa, permissiva, estimulando abusos e, assim, tornando progressivamente insuportável a convivência humana". Negociar (em benefício próprio) é a palavra de ordem da democracia, que troca a lei do mais forte pela do mais esperto, onde os ajustes e conchavos democráticos são a forma de diálogo, antes de tudo entre o público e o privado, mas que envolvem a sociedade em geral. Ajustes e conchavos, um mercado de votos, os eleitores, passivos, esperando quem faz a oferta que melhor atende aos seus interesses particulares.

É a partir da barganha do voto que se desqualificam todas as entidades democráticas, tais como os partidos políticos, a imprensa, que *se converteu num perseguidor mais implacável do que o ministério público, investigador mais arbitrário do que a polícia, e julgador mais autoritário do que os juízes*. Mas também a justiça, que justifica o crime e o institucionaliza; as ONGs e seus financiadores, atravessadores, caciques; o poder cada vez maior de legislar da Igreja; os sindicatos, *defensores radicais somente dos sindicatos, não dos sindicalizados, trabalhando, na verdade, para os seus próprios dirigentes*. A sociedade está toda corrompida, em seus tentáculos mais finos. *A democracia promete mundos e fundos a*

---

2 Todos os itálicos ao longo deste texto são dele, mas cabe destacar que aqui entende-se o povo como sendo todos nós, cidadãos, e não como sendo "eles", os pobres.

todos, sacrifícios a ninguém, só vantagens sobre vantagens. E ninguém paga a conta, que sobra para quem não pode pagar um advogado...

A solução não virá de cima para baixo, por esse Estado corrupto, antiquado e paquidérmico, mas de baixo para cima, a partir da transformação do eleitor em cidadão, com os direitos e deveres que isso implica. Somente quando o cidadão tomar para si o senso de propriedade sobre a "coisa pública", que até muito pouco tempo atrás era "de ninguém", é que poderá exercer o pleno direito à democracia.

Huxley nos deixa a pista para uma saída democrática:

> Só um movimento popular em grande escala pela descentralização e iniciativa local poderá deter a atual tendência para o estatismo. Atualmente não existe sinal de que venha ocorrer tal movimento. [...]. Se se quiser evitar a perseguição, a liquidação e outros sintomas de atrito social, os aspectos positivos da propaganda deverão ser tão eficazes como os negativos.

Descentralização e "propaganda positiva" – entendida aqui como "informação qualificada" – estão no cerne do caminho que delineio ao longo deste capítulo, visando uma possível renovação da democracia. Tal como aponta Viviane Mosé neste livro, com base em Foucault, o poder está na informação, no saber, no formato em que se enquadra o discurso. O acesso democrático à informação trazido pela internet, novas mídias e tecnologias enfraquece o poder da imprensa e do *marketing* enganoso e possibilita o surgimento de um indivíduo-cidadão, sujeito da sua relação com o Estado e com o mercado.

A formação dos cidadãos se dá na ação, na participação. A única saída para a democracia é criar instâncias efetivas de participação a partir de uma base de informação qualificada. Só assim emergirá uma nova cidadania; forte, ativa, com a transformação do eleitor em cidadão. A democracia requer representatividade, que só se obtém com participação efetiva e uma composição do saber; ou seja, a partir da composição de diferentes saberes.

Não é a supremacia do *povo*, nem do Estado, nem da imprensa, nem do mercado, nem das universidades, ONGs ou sindicatos, que vai viabilizar a democracia, mas a composição de todas essas forças e saberes. Todos têm muito a contribuir. A democracia só é possível em rede. Mas não sabemos usá-la para implementar um modelo de gestão efetivamente participativo. O principal desafio é fazer todas as forças convergirem em prol de um consenso mínimo entre todos.

A crise da democracia deve ser entendida dentro de um contexto mais amplo, de uma longa e conturbada transição por que passa o mundo. Esse interregno, um vazio entre duas eras, cria em nós, como diz Sergio Abranches em a *Era do imprevisto – A grande transição do século XXI*, "uma inquietude, uma doença da transição, uma *malaise* existencial, que só se dissipará naquele ponto da travessia no qual a velha ordem estará toda no passado e a nova dominará o presente e o futuro".

A crise civilizatória advém do enfoque exagerado na riqueza financeira como medida de sucesso pessoal, fazendo com que o dinheiro reja todas as relações sociais, não só no mercado, que prioriza o lucro econômico acima de tudo, como também nas relações dos diversos setores com o Estado – todos visando o lucro, interessados apenas em vantagens pessoais em nome supostamente do bem comum. Acabamos chegando a um nível de mal-estar tão grande na civilização, que nasce a oportunidade de uma revisão de valores culturais. A conscientização de que não é só a riqueza da família ou o lucro econômico das empresas ou o Produto Interno Bruto (PIB) de um país que importa na geração de bem-estar da sociedade; bem como o reconhecimento de que cada um pode e deve fazer a sua parte, estabelecendo uma relação ética com os outros e o ambiente. Somos todos indivíduos, por trás do mercado, do Estado e de todos os outros muitos poderes que formam a base da sociedade.

Hoje somos todos chamados a propor diretrizes para essa travessia, evitando o cenário de trevas apresentado por Achille Mbembe em *O fim da era do humanismo*, que infelizmente torna-se cada vez mais provável: um cenário de guerras em que as desigualdades continuarão a crescer em todo o mundo, assim como os conflitos sociais na forma de racismo, ultranacionalismo, sexismo, rivalidades étnicas e religiosas, xenofobia, homofobia e outras paixões mortais. A partir da difamação crescente de virtudes como o cuidado, a generosidade, a leitura dele é que os pobres, e não só eles, passarão a acreditar que ganhar – por qualquer meio necessário – é a coisa certa a ser feita. E então virão novos impulsos separatistas, a construção de mais muros, a militarização de mais fronteiras, formas mortais de policiamento, guerras mais assimétricas, alianças quebradas e inumeráveis divisões internas, inclusive em democracias estabelecidas.

Mbembe aponta para os riscos que a tecnologia e o capitalismo neoliberal representam para a democracia liberal. De fato. As *fake news*, o controle de informações pelo setor de tecnologia, a atuação de robôs e outras ferramentas tecnológicas estão influenciando todos os mercados, incluindo resultados de eleições. O caminho adequado para responder a esses riscos, reais, é ampliar e fortalecer sistemas de informação e controle, tornando-os cada vez mais eficazes. E, por outro lado – o risco vem sempre junto a uma oportunidade –, são justamente as novas ferramentas de tecnologia que permitem uma gestão pública mais participativa, com o controle das contas e da qualidade do gasto público pelos cidadãos, assim como uma maior participação na definição das metas a serem perseguidas, na elaboração das leis, com a inferência por parte de legisladores sobre como seus eleitores votariam em determinados temas, e assim por diante.

Há um outro cenário possível, alternativo ao de Mbembe. E se o capital financeiro e o setor de tecnologia se direcionarem a trabalhar em prol da democracia liberal e prosperidade do mundo? Por que o fariam? Pela conscientização dos riscos que a concentração de renda e devastação do ambiente derivados de um capitalismo predatório representam para todo o sistema. Por conta de incentivos, tributos e outros tipos de obrigatoriedade impostos pelo governo, mas pode ser também voluntariamente, por interesse próprio num mundo menos injusto e por isso menos violento e com mais qualidade de vida urbana. A postura dos jovens de hoje deixa claro a transição da sociedade do consumo para a sociedade do bem-estar, o que torna possível outros tipos de relações de trabalho e acordos na sociedade.

Estamos numa situação que os economistas chamam de "equilíbrio de sela", num baixo nível de bem-estar urbano, principalmente para os pobres, mas também para os ricos; uma hora oportuna para pensar em como ter um mundo melhor para todos. Precisamos de uma meta, um guia; daí a importância dos indicadores econômicos e sociais. São eles que pautam toda a informação, a composição do saber da sociedade e os rumos dos países e entes subnacionais – este é o principal tema da seção 1.

A partir de então se desenvolve um caminho para a sobrevivência da nossa frágil democracia seguindo as pistas de Huxley – informação e descentralização, com a criação de uma rede de qualificação de informação e geração de prosperidade (seção 2), com maior governança pública (seção 4) e o desenvolvimento de um mercado de fundos de investimento socioambientais (seção 5). Precisamos de uma nova ordem, modelos em rede, circulares, integrados, participativos, para que seja possível uma sociedade mais próspera, em paz e feliz. É do que trata a última seção deste capítulo.

Essa trilha foi traçada a partir da minha experiência com o Pacto do Rio, que conto em anexo. Simples, flexível, em rede, o Pacto já teve várias configurações (www.pactodorio.com.br).

Apostando na integração dos múltiplos setores da sociedade como única maneira de combater a desigualdade, e tendo como foco a inclusão social e a diminuição da distância entre favela e asfalto, nasceu o Pacto, como uma rede de impacto social, congregando a população, as organizações da sociedade civil, as instituições de pesquisa, os órgãos públicos, as empresas privadas e os organismos internacionais. A proposta era a criação de um centro de resiliência metropolitana, para tentar evitar o fracasso olímpico do Rio que desde 2014 já se configurava, através de uma rede para apresentar soluções de desenvolvimento sustentável para a metrópole, para assim tentar evitar a crise e propor caminhos para os desafios relacionados ao desenvolvimento urbano no país.

1 O Estado e a sociedade em rede

Os estados sofrem, no mundo todo, enorme dificuldade em se adaptar à globalização, especialmente aqueles de tradição burocrática, como é o caso do Brasil, que possuem uma gestão pública ineficiente caracterizada por processos lineares, exaustivos e lentos, criando territórios de estagnação, de obscuridade que estimulam e favorecem a corrupção. A visibilidade contemporânea fez com que fossem bombardeados por imagens, áudios, que expõem com a transparência das novas mídias seus conchavos, suas maquinações. O rei está nu. O Estado se desintegra todos os dias à nossa frente, especialmente no Brasil, mas não somente. Incapaz de atender as demandas da população, extremamente ineficiente e velho, além de corrupto, perde a cada dia sua legitimidade, o que aumenta a violência e nos coloca à beira do caos.

No Rio de Janeiro, a situação de violência urbana retrocedeu aos níveis anteriores aos dos anos de ouro pré-olímpicos, dos *royalties* e da política de pacificação das favelas. Pobreza crescente, Estado falido, município quebrado, serviços públicos inexistentes, número de moradores de rua triplicado em menos de um ano. Diante da indignação com o tamanho da corrupção às custas do suposto modelo de desenvolvimento para as favelas, após o fim da esperança trazida com a política de pacificação e com o sonho olímpico, torna-se cada vez mais iminente o risco de o "morro descer e não ser carnaval", já eternizado na música de Wilson das Neves e Paulo César Pinheiro:

> O dia em que o morro descer e não for carnaval
> ninguém vai ficar pra assistir o desfile final
> na entrada rajada de fogos pra quem nunca viu
> vai ser de escopeta, metralha, granada e fuzil
> (é a guerra civil)
>
> No dia em que o morro descer e não for carnaval
> não vai nem dar tempo de ter o ensaio geral
> e cada uma ala da escola será uma quadrilha
> a evolução já vai ser de guerrilha
> e a alegoria um tremendo arsenal
> o tema do enredo vai ser a cidade partida
> no dia em que o couro comer na avenida
> se o morro descer e não for carnaval

O povo virá de cortiço, alagado e favela
mostrando a miséria sobre a passarela
sem a fantasia que sai no jornal
vai ser uma única escola, uma só bateria
quem vai ser jurado? Ninguém gostaria
que desfile assim não vai ter nada igual

Não tem órgão oficial, nem governo, nem Liga
nem autoridade que compre essa briga
ninguém sabe a força desse pessoal
melhor é o poder devolver a esse povo a alegria
senão todo mundo vai sambar no dia
em que o morro descer e não for carnaval

A possibilidade de corrupção, não só no Estado, mas em todas as instâncias de poder da sociedade, decorrem da falta de instrumentos adequados de controle, que por sua vez decorrem da falta de informação qualificada. Foucault nos ensinou, como mostra Viviane Mosé neste livro, que o poder – o macropoder, assim como a microfísica do poder – se dá pelo controle do saber e da informação. Isso ocorre de forma coercitiva por parte dos agentes políticos na "velha política", mas pela composição democrática do saber numa verdadeira democracia, onde, tendo em vista as possibilidades permitidas pelas novas mídias, todos aqueles que quiserem de fato possam participar da gestão do seu bairro, da sua cidade, lutar por suas causas, e que possam fazê-lo, de modo cada vez mais direto e eficiente, com alguma organização.

A sociedade em rede, que se caracteriza pela agilidade, pela múltipla conexão, pela produção contínua de novos canais de participação, que geram questões e temáticas cada vez mais globais, impondo desafios múltiplos e complexos, não consegue mais se relacionar, não somente com o Estado, mas com todas as instituições, especialmente públicas. Essa dissolução das instituições nos coloca em um impasse: de um lado um susto e uma perda, tendo em vista o cenário de absoluta instabilidade; por outro a liberdade adquirida com a queda, o impulso à ousadia que significa ser obrigado a rever as relações e os modos de ordenação que nos trouxeram até aqui.

O Estado de Bem-estar Social, que se fundamenta em atender as reivindicações de seus cidadãos, terminou, hoje sabemos, inflando suas responsabilidades e entrando em crises financeiras tão agudas, que passaram a responsabilizar os gastos com investimentos sociais por seus fracassos, o que gerou um tipo de criminalização da pobreza e um imenso retrocesso dos investimentos nessa direção. O que parecia ser a receita perfeita para uma sociedade democrática, na verdade nunca passou de um mercado de votos, de uma imensa feira onde se negociava e ainda negocia favores e conchavos em troca do eleitor: com a excessiva concessão de supostos direitos, em troca de votos, sem levar em conta a sustentabilidade das contas públicas, muitos estados e municípios se encontram em situação de penúria.

Os eleitores, por sua vez, estão sempre em busca de melhorias dentro dos serviços públicos, mas sem consciência de que esses mesmos direitos estão atrelados a deveres, a impostos, por exemplo. Vide o caso do direito das mães e dos filhos; as mulheres lutaram e adquiriram o direito à licença maternidade de seis meses, mas o mercado paga em geral 30% a menos às mulheres, apenas por serem mulheres. Isso não é um preconceito, é um cálculo: por correr o risco de ser mãe, uma mulher começa em um emprego pagando sua licença maternidade por meio de um desconto de 30% do seu salário, o que é uma inversão absoluta. Em última instância, são as mulheres que pagam por suas licenças, mesmo as que não querem ou não podem engravidar; todas pagam por antecipação por um gasto que o empregador pode ou não ter no futuro. A solução nesse caso seria, como já acontece em alguns países, uma licença paternidade com condições similares à das mães, impedindo a discriminação das mulheres, dividindo entre dois patrões o custo da licença e inserindo os homens de fato no cuidado com as crianças.

Muitas vezes o que vem travestido de direito no Brasil é na verdade uma perda, um saque que se esvai na intermediação pública, os recursos são extremamente malgeridos, e o processo de aquisição dos benefícios envolve uma burocracia tal, que muitas vezes impede o recebimento, exceto por aquela máquina de burlar a burocracia, que se institui como poder, para garantir o seu espaço de intermediário, de aluguel.

Precisamos de desintermediação, excluir tudo o que não agrega valor ao processo, e de informação bem-qualificada, para se rever, com transparência, despesas e receitas de forma a reestabelecer uma trajetória de sustentabilidade fiscal com a revisão participativa da priorização e responsabilidade dos gastos das cidades, estados e governo federal. Reestruturar-se o Pacto Federativo, dando mais poder, recursos e atribuições às cidades, que é aonde a vida acontece. A partir de então, com um modelo de desenvolvimento territorial baseado em informação qualificada e no conceito de prosperidade, pode ser possível a sobrevivência da democracia, num caminho de descentralização, tal como apontado por Huxley.

A simples exigência de direitos e a concessão legal deles não garante minimamente que sejam atendidos; ao contrário, são revertidos à população em forma de impostos. Portanto, não se trata de exigir direitos, mas de propor uma nova correlação de forças na gestão da coisa pública, que tenha em vista a integração de todos, das pessoas e das ações, a partir de princípios comuns. Para isso precisamos de instâncias capazes de articular essas forças, além de definir os princípios comuns que irão guiar a sociedade.

Quatro são os requisitos para avançarmos democraticamente: garantia do direito às liberdades individuais; justiça social; eficiência na gestão sustentável dos recursos públicos, econômicos e naturais; e boa governança – ética, transparência e mecanismos de participação.

O desafio da desigualdade e a Terceira Via

A possibilidade de convivência humana somente vai existir se atingirmos uma articulação de todas as forças que atuam na sociedade, em torno desse consenso mínimo comum, em geral identificado com o movimento político da "Terceira Via". Na Teoria da Terceira Via o princípio da justiça social torna a redução das desigualdades, das oportunidades e da pobreza um dos principais objetivos políticos[3].

Apesar de a desigualdade planetária entre economias nacionais, medida em renda *per capita* média, continuar a encolher, a distância entre os mais ricos globais e os mais pobres globais continua a crescer, e os diferenciais de renda dentro dos países continuam a se expandir. Um mundo em que 1% da população detém 45% da riqueza, além de extremamente injusto, é insustentável, incompatível com a democracia. No Brasil, os 10% mais ricos detêm 55% da riqueza, num movimento crescente. Nos Estados Unidos esse percentual é de 47% e na França de 33%. Temos de repensar nossos valores, metas, modelos de organização e o processo de acumulação capitalista que gerou a grande armadilha social, o moto-contínuo da desigualdade, tal como definido por Bauman em *A riqueza de poucos beneficia todos nós?*

> Pessoas que são ricas estão ficando mais ricas apenas porque já são ricas. Pessoas que são pobres estão ficando mais pobres apenas porque já são pobres. Hoje a desigualdade continua a aprofundar-se pela ação de sua própria lógica e de seu momento. Ela não carece de nenhum auxílio ou estímulo a partir de fora – nenhum incentivo, pressão ou choque. A desigualdade social parece agora estar mais perto do que nunca

---

3 LA ROCQUE, E. & SHELTON-ZUMPANO, P. *Novas formas de combater a desigualdade de oportunidades*. Usina Pensamento [Apresentado em *Skoll Foundation*, 2015].

de se transformar no primeiro moto-perpétuo da história – o qual seres humanos, depois de inumeráveis tentativas fracassadas, afinal conseguiram inventar e pôr em movimento.

É verdade que o investimento em educação, especialmente a infantil, é o mais rentável do ponto de vista social a longo prazo, mas para conter a violência precisamos educar os nossos jovens, e, urgentemente, oferecer melhores oportunidades de renda e qualidade de vida em áreas vulneráveis. Para resolver a armadilha da desigualdade e conter a violência é preciso dar tanta atenção à governança quanto à eficiência.

Falhas de governança, principalmente nas relações intersetoriais, estiveram entre as principais causas da crise mundial de 2008, que afetou a credibilidade de muitos governos, partidários da Terceira Via. Incluiu-se então na agenda da Terceira Via o fortalecimento da sociedade civil e das suas relações com o setor público e privado um importante aspecto, o da boa governança. Apesar da defesa da diminuição do tamanho do Estado através de um sistema tributário mais simples e progressivo, essa reforma do Estado deveria ocorrer simultaneamente ao fortalecimento do seu papel regulatório, da fiscalização e das capacidades para reduzir desigualdades.

O Programa das Nações Unidas para o Desenvolvimento (Pnud) identifica a participação cidadã, a garantia de acesso à justiça, a transparência e a prestação de contas como aspectos essenciais da governança democrática. Esses princípios, no entanto, só serão atendidos a partir da existência de canais de acesso à informação qualificada.

Bauman apresenta a causa para a armadilha da desigualdade,

> consequência última de termos colocado competição e rivalidade – o modo de ser derivado da crença no enriquecimento ganancioso de poucos como via régia para o bem-estar de todos – no lugar do desejo humano, muito humano, de coabitação assentada em cooperação amigável, mutualidade, compartilhamento, confiança, reconhecimento e respeito recíprocos.

E também apresenta a raiz da solução: "Não há nenhum benefício na cobiça. Nenhum benefício para ninguém e nenhum benefício na ganância de ninguém".

Apesar de parecer ingênuo, diante de uma sociedade que se desintegra como a nossa, é cada vez mais possível dizer que o dogma felicidade = dinheiro imperante no último século nos trouxe a uma sociedade doente, infeliz. Os jovens da elite já não querem mais acumular recursos financeiros; uma parte substancial de todos os jovens quer ajudar a espalhar prosperidade no mundo, dando espaço para o florescimento de novas práticas capitalistas, tal como o sistema B, bem como o desenvolvimento de um mercado de fundos socioambientais. Uma parcela substancial dos jovens não se sente ajustada ao sistema, não se sente aceita, o que gera aumento da violência, como é o caso alarmante de jovens, pobres ou ricos, que se automutilam, suicidam-se e praticam os mais diversos tipos de terrorismo. Não concordo com a argumentação de Angus Deaton, em *A grande saída*, de que estamos melhores em todos os indicadores de humanidade, citando especialmente o PIB *per capita* e a expectativa de vida. Não, não estamos.

A ênfase excessiva da ciência em prolongar a vida e expandir a produção além dos limites do planeta, ao invés de investir na qualidade de vida, nos trouxe à exaustão humana. Além dos efeitos destrutivos de desastres ambientais, em todas as classes sociais reina o desânimo, a depressão, quando não a violência. Terrorismo de todos os tipos, não só os religiosos, colocando em risco cada vez mais pessoas.

Temos de deixar um mundo melhor para os jovens. Não através da imposição de um modelo de cima para baixo, que já não lhes serve mais, mas na base do acordo. Os jovens têm muito a nos dizer sobre o mundo que eles querem. O resultado nas eleições do Brexit teria sido outro se houvesse uma ponderação maior para a participação dos jovens – afinal, serão eles e não os conservadores britânicos que sofrerão as consequências da desintegração da Europa.

Precisamos urgentemente de um modelo de gestão de riscos para a humanidade que envolva uma revisão dos indicadores de "progresso". O que buscamos? O que temos em alta conta? Que tipo de sociedade queremos? Estas são as perguntas a serem feitas por aqueles que em breve vão dirigir o mundo.

A importância dos índices, não é só sopa de letrinhas

Para avaliar o "progresso" dos países, a medida mais difundida é o PIB *per capita*, mas ele não é capaz de medir o bem-estar da população, pois não leva em consideração parte substancial da economia criativa nem o desgaste do meio ambiente, além do grave defeito de não ter qualquer penalidade para a desigualdade. Ignoram-se, assim, os efeitos devastadores da violência na geração tanto de bem-estar quanto de riqueza.

Michel Porter, autor americano de diversos livros sobre estratégias de competitividade, propõe o Índice de Progresso Social (IPS) como medida alternativa ao PIB. O IPS leva em consideração vários indicadores em três eixos básicos: oportunidades, fundamentos do bem-estar e necessidades humanas básicas. Já medido em diversos países, estados e cidades, tendo sido inclusive adotado pelo Estado do Pará como guia do planejamento estratégico. O Instituto Municipal Pereira Passos (IPP), órgão de pesquisa da Prefeitura do Rio, implantou o IPS-Rio para 32 áreas de planejamento da cidade, mas infelizmente esse indicador ainda não foi adotado nos planos estratégicos da prefeitura.

Indicadores territorializados têm a vantagem de facilitar o estabelecimento de metas claras e simples de aumento de qualidade de vida, por região, bem como acordos entre as partes interessadas daquele território; podendo, assim, guiar um programa participativo de desenvolvimento sustentável de longo prazo de uma cidade, metrópole, Estado ou mesmo país. Melhorar os indicadores de qualidade de vida para todos os territórios, especialmente para as áreas mais vulneráveis, para assim se reduzirem ao longo do tempo as desigualdades territoriais. O indicador-base pode ser o IPS ou algum outro similar. Há uma profusão de índices sendo desenvolvidos e que podem balizar um plano de desenvolvimento territorial equalizador de oportunidades, tais como IVS (Índice de Vulnerabilidade Social), implementado pelo Ipea, e o Índice de Prosperidade de Cidades, proposto pela ONU Habitat.

No âmbito do Pacto do Rio, propôs-se a elaboração de um indicador de prosperidade para as favelas de caráter democrático, com a composição dos saberes tanto dos especialistas quanto da população diretamente envolvida (seminario defavelas.rio). A elaboração do Índice de Prosperidade de Favelas (IPF) – Piloto Manguinhos"[4] – baseou-se no ILP, Índice de Prosperidade desenvolvido pelo Instituto Legatum, que divulga um *ranking* internacional bem-conceituado e que foi aplicado em 149 países em 2016. O ILP é estruturado em três dimensões: econômica, social e institucional. A dimensão econômica está subdividida em dois componentes (qualidade econômica e ambiente de negócios); a social em quatro (saúde, meio ambiente, educação e capital social), e a dimensão institucional possui dois componentes (governança e liberdades individuais). Valoriza-se a retroalimentação entre os fluxos do vetor econômico e do bem-estar, e da participação da comunidade no processo: toda comunidade tem como desafio a procura por uma vida melhor a partir da identificação das condições específicas de precariedade existentes. Para superá-las e virar uma comunidade próspera, os resultados econômicos precisam fluir para impulsio-

---

[4] BLANCO, M. Instituto Afortiori, 2017.

nar os vetores sociais que geram maiores níveis de bem-estar social, que por sua vez incidem nos vetores econômicos que geram crescimento. Identificar as transversalidades e os tipos de correlações existentes entre os componentes social e econômico permite desenhar propostas com maior grau de eficácia social e econômica.

2 O Centro de Qualificação da Informação

Para a gestão das crises contemporâneas é inestimável o valor da informação qualificada, ou seja, a necessidade de instâncias de troca, de compartilhamento do saber próprio de cada um dos setores para formar o saber comum, como a base para a elaboração de políticas públicas, privadas e do Terceiro Setor. Prevenir é muito melhor e menos custoso. Por exemplo, com relação a riscos de deslizamento dos morros, comum nas favelas do Rio, o setor público tem que fazer obras de contenção, mas também implementar um sistema de alertas que envolva a comunidade. Um modelo de gestão de riscos urbanos envolve o mapeamento dos riscos a partir da composição da base de informação – e de um diagnóstico composto por múltiplos saberes – e um plano de ação que envolva tanto ações públicas como o comportamento da comunidade. Assim, elabora-se um mapa dos riscos urbanos, não só os de deslizamento.

O Centro de Qualificação da Informação é uma instância autônoma, da sociedade civil, que busca aproximar e articular os diversos saberes da sociedade, de forma democrática e direta, sem a predominância de um saber ou setor sobre o outro, tentando convergir as pautas, os interesses, hoje tão esgarçados na sociedade, em torno de eixos a partir dos princípios comuns aqui defendidos: liberdade e prosperidade. Sua principal função é ser uma referência em conteúdo qualificado em políticas públicas, sempre a partir de um território, uma cidade, um bairro, com o objetivo de criar uma tensão com o Estado, forçando-o a se transformar em um modelo de gestão mais transparente, eficiente, ético.

O que o Centro busca é oferecer ao cidadão diagnósticos e avaliações confiáveis a respeito das políticas públicas que podem ser desenvolvidas, com o objetivo de fortalecer as lutas em prol da cidade, bairro, rua; em prol de um tema, o feminismo, a transexualidade, a liberação das drogas etc. E a participação das pessoas é o que pode garantir a sustentabilidade do modelo. As pessoas podem ajudar a planejar, acompanhar, monitorar e avaliar o andamento de uma obra, por exemplo. Todos podendo participar diretamente por aplicativos.

No âmbito do Pacto do Rio foram identificados, para atuarem de forma articulada, seis segmentos sociais – os seis poderes – fundamentais para a boa gestão da cidade, partindo da ideia mestra da ampliação da participação:

- **Público:** responsável pelo planejamento e coordenação das ações públicas. Poder Executivo, Judiciário e Legislativo, nas esferas federal, estadual e municipal.
- **Privado:** responsável pelo aporte e investimento de recursos e serviços.

- **População:** responsável pelo planejamento participativo, aprovação de projetos, ações voluntárias e de filantropia. Cidadãos beneficiários, cidadãos voluntários e associações populares.
- **Terceiro Setor:** responsável pela operacionalização e execução de projetos. Formado por organizações sem fins lucrativos.
- **Setor de Pesquisa:** responsável pelo monitoramento, desenvolvimento de metodologias, indicadores, avaliação de impacto, desenvolvimento de estudos e capacitações. Abrange universidades públicas, privadas e institutos de pesquisas.
- **Órgãos internacionais:** responsáveis por oferecer recursos, monitoramento e geração de redes colaborativas.

Cada um dos seis setores tem um representante que tem por função levantar os principais temas, causas, eixos comuns ao seu setor, considerando as mais diferentes frentes, de modo a montar um centro de referência em conteúdo para cada área. Em seminários periódicos e abertos ao público, esses dados são cruzados de modo a produzir políticas eficientes para os diversos setores. Essas políticas públicas servem como referência em debates eleitorais, e principalmente servem de balizamento e fiscalização para os programas dos governos eleitos.

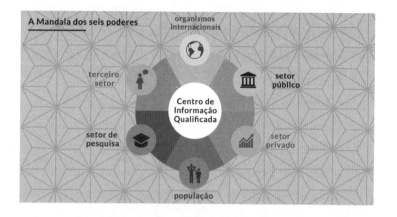

O Centro de Qualificação da Informação não produz informação, mas apenas integra a rede de saberes já existentes na sociedade. Ele apenas identifica, aciona, conecta as informações, articulando-as e aproximando-as de forma democrática e transparente. O objetivo é acoplar as memórias locais, que envolvem o olhar, a percepção do cidadão, mas também o do setor produtivo, empresarial, as ONGs, o poder público, relacionando-os aos estudos técnicos e acadêmicos sobre cada temática, assim como às propostas existentes, ou em andamento, tudo sempre acompanhado e avaliado pela população por meio das novas mídias, ou presencialmente.

O objetivo é conectar os saberes acumulados dos diversos setores, a história de suas lutas, e articulá-los em rede, permitindo uma interface, uma intersecção capaz de conectar saberes de modo a responder aos grandes desafios que temos. Um sistema de irrigação de informação que atravesse os diversos segmentos da sociedade, formando redes de saber, de conteúdo.

O Centro permite, com a interface dos setores, a criação de um modelo de gestão de riscos urbanos com a elaboração de um mapa dos riscos, um diagnóstico composto por múltiplos saberes e um plano de ação que envolva tanto ações públicas como o comportamento da comunidade.

Um próximo passo seria a ordenação não mais apenas da informação e do conteúdo, mas das ações dos seis setores, desde o planejamento até a avaliação. Esse era o objetivo do Pacto do Rio que inspirou esse modelo: articular seis setores da sociedade em torno do planejamento, da execução, do monitoramento e da avaliação das ações públicas, articulando-as para que se fortaleçam. Mas a implantação de um modelo como esse na prática depende de uma articulação maior da sociedade do que tínhamos na ocasião.

O Centro de Qualificação da Informação vem como um tipo de escola contemporânea, nascida da ação, da necessidade de produzir alta *performance* em pouco tempo, elevando o nível do debate e promovendo ações cada vez mais eficientes e com menor custo econômico, social e ambiental. O objetivo é ter uma cidade integrada, articulada, que se cuida e se defende, que investe em si mesma, com a participação de todos, para o ganho de todos. Esses mesmos resultados podem ser atingidos na educação dos filhos e na gestão da família, da escola, de uma empresa, de si mesmo.

O fundamental nesse modelo é a participação do cidadão, e isso depende antes de tudo de investimentos em inovação e novas mídias, de modo a criar sistemas eficientes de participação da população na gestão da coisa pública.

Tecnologia a serviço da democracia é a palavra, tecnologia social. A tecnologia em nome da ética, da transparência, da eficiência e da garantia de participação de todos, não apenas na avaliação, mas principalmente no monitoramento e no planejamento das ações.

No Centro, os cidadãos vão sempre encontrar referências de como a cidade poderia estar melhor, de como em cada setor as políticas públicas poderiam ser mais eficientes. Isso é um instrumento nas mãos de todos, das lutas sociais, das mídias, das universidades, das ONGs, do setor de pesquisa, público e privado. Ao mesmo tempo vão poder participar ativamente nesse processo de pensar, pesquisar, monitorar e avaliar os rumos que a cidade está tomando através de uma rede de propagação de prosperidade, que, tal como será discutido no anexo, nada mais é do que a aplicação para a gestão social do sistema distribuído com que Paul Baran originou a internet.

Sistema de mandalas

A forma piramidal, fundada em triângulos, determinou nossa história até aqui. A pirâmide foi o modelo de gestão da sociedade, um modelo excludente e excessivamente hierárquico, onde tudo terminava no um, um tipo de funil, um filtro. Hoje vivemos em sistemas integrados em rede, círculos que se tangenciam. O círculo é a forma da sustentabilidade, tudo retorna. A unidade agora é o múltiplo, a conexão com o mundo; sofisticamos a forma, abrimos os seus contornos e uma certa ordem, mesmo em crise, permanece. Esta é a lição do século XXI: pode haver ordem mesmo sem um centro ordenador; na verdade, é assim que as coisas são na natureza: as ordens são múltiplas e se conectam em rede. Precisamos uns dos outros e temos de ordenar esses relacionamentos de forma ética, com acordos claros.

Uma Mandala é um recorte circular em um plano, em torno de um conceito, um tema, uma questão. A base da Mandala é a compreensão de que a ordem não precisa ser piramidal; ou seja, não é necessário o um, o olho do pai, do chefe para ter uma ordem. Parte do princípio de que a base de tudo é um campo de forças; eles se ordenam em um círculo, onde todos convergem para o centro. O alvo último da Mandala é a conexão entre os setores, o encontro, em busca de causas comuns. E o círculo a forma perfeita para, ao mesmo tempo, conter, objetivo da forma, do limite, mas, ao mesmo tempo, manter o movimento eterno da vida, continuar gerando vida, porque ela roda.

O vertiginoso crescimento da reputação da área de biociência nos mostra que o que melhor podemos fazer enquanto *homo sapiens* é imitar a natureza. As gaivotas, por exemplo, têm a aerodinâmica perfeita, eternamente perseguida pelos acadêmicos e engenheiros da área de aviação. E pensando sob uma perspectiva social ou de organização industrial, elas têm um método próprio de organização, que, a partir de um sistema caótico de rotação em círculos desconexos, conseguem se organizar e seguir juntas em uma única direção. Foi da observação das gaivotas e a partir da experiência prática à frente da UPP Social, descrita em anexo, que se desenhou o sistema de mandalas, desenvolvido para elaborar e tentar implantar o Pacto do Rio[5], mas que depois se mostrou aplicável para vários outros casos.

O sistema pode ser usado para implantação de um modelo de desenvolvimento territorial focado no conceito de prosperidade: a partir de um centro de informação metropolitano, irrigar com conteúdo os centros de informação das cidades, das suas regiões de planejamento, seus bairros, comunidades.

O que as mandalas propõem é um modo de ordenação das forças em círculos, para que a unidade mínima das coisas seja um campo, e não um ponto, como um modo de manter o movimento e evitar as estagnações de poder, as tiranias de todos os tipos. Vale para a gestão da sociedade e da família. Por exemplo, a tirania que as crianças exercem hoje em casa, manipulando a culpa dos pais pelo fato de estarem sozinhas, ou a tirania dos pais com os filhos.

Uma boa maneira de explicar a Mandala é a partir do exemplo da família, que não por acaso perdeu a ordem piramidal de sua antiga estrutura e agora padece de ordem, especialmente no cuidado com as crianças. Se o pai não é mais o topo da ordem familiar, se a mãe também não está mais em casa, nem as avós que agora têm vida própria, nem as tias; portanto, se não há ninguém ocupando o topo, é preciso

---

[5] O Pacto e o sistema de mandalas foram desenvolvidos a partir de ferramentas de *Design Think* (DT), aprendidas com Rique Nitzsche, autor do livro *Afinal, o que é Design Thinking?* O sistema de mandalas incorpora e permite expandir vários instrumentos de DT, tal como o famoso *Double Diamond*, que, com o sistema, pode não apenas ser visualizado, como expandido em duas dimensões, para incluir a dinâmica do tempo e do espaço, p. ex.

construir uma rede que possa dar conta de olhar e educar as crianças. É preciso uma aldeia para educar uma criança, dizem os antigos. O sistema de mandalas é uma proposta de ordenação em rede.

No centro da Mandala tem a criança. Cada família vai ordenar sua Mandala de acordo com a família que tem. O importante é listar com quem pode contar para alimentar essa rede, que é basicamente de informação. Um dos setores é a família nuclear da criança: os pais, mesmo separados; irmãos, se tiver, são os que mais convivem com ela. Em outro setor, tios, avós, primos. Em outro, amigos dos pais, que sempre ajudam, e os pais dos amigos dos filhos, ao menos de um amigo. No outro, vizinhos, o porteiro, o rapaz da banca de jornal em frente etc. Em outro ainda a escola em que ela estuda, os professores, a direção. Por último, os próprios amigos das crianças, ao menos um.

Este é apenas um exemplo para ilustrar. Eu, como mãe, vou desenvolver, desde que o meu filho nasceu, uma rede de benevolência e carinho ao meu redor, porque vou precisar da ajuda dessas pessoas. Mas eu vou ter que aprender a ouvir quando alguém me der uma informação que não gosto. E vou ter que aprender a ouvir vários lados antes de ter um resultado. Enfim, vamos ter que aprender a viver em rede. A informação do porteiro pode ser fundamental para quem tem um filho adolescente. Os pais dos amigos também podem ajudar muito; passam por problemas parecidos. Mas para ter esta troca é preciso que a relação seja boa; então, ter boas relações passa a ser fundamental para quem tem filhos, o que exige a modéstia de saber ouvir.

Se cada família entende que as crianças precisam de presença, de pessoas que olhem por elas, e que elas não estão mais em casa, então cada um passa a compor sua rede de ajuda, amabilidades, gentilezas, simpatias.

O mesmo serve para a vida diária nas cidades, no seu bairro, na sua comunidade; uma rede de apoio não é necessariamente de amizade, intimidade, mas de reciprocidade e ajuda mútua; em casos de violência, desastres ambientais, convulsões sociais, todos precisamos de ajuda, somos frágeis, mesmo os ricos; diante do caos estamos todos no mesmo barco.

3 Corrupção e controle: Governança Pública

O caso do Rio se transformou em mais um exemplo de fracasso dentre as cidades olímpicas, seguindo infelizmente o caminho falimentar de Atenas, ao invés do tão prometido caso de Barcelona. A tese de Edward Gleaser sobre o poder das grandes cidades está na verdade destruindo o planeta, tal como bem aponta Goran Therborn em *Cities of Power*. O processo de urbanização rápido pode ser muito maléfico para a qualidade de vida.

A derrocada do Rio foi fruto da corrupção generalizada, da desintegração proposital das políticas públicas, da falta de uma visão de desenvolvimento sustentável e integrada entre o Estado e seus municípios, dos conchavos entre os três poderes, e não só deles. O setor privado era parte fundamental do esquema; a sociedade civil também foi incorporada num pacto generalizado pela ineficiência entre os que se apropriaram de alguma forma do poder.

José Padilha[6] diz que a grande maioria das instituições públicas brasileiras desenvolve culturas organizacionais informais que trivializam a corrupção e a transformam em hábito. Cita especialmente a PM do Rio, quase todas as organizações do Estado brasileiro, em nível municipal, estadual e federal; no Legislativo, no Executivo e no Judiciário. E deixa a pergunta: Por que será que, no Brasil, o mecanismo tem o tamanho do Estado?

Minha experiência prática atesta que o mecanismo de corrupção tem de fato o tamanho do Estado, que só cresce, moto-contínuo, por políticas corporativistas que perpassam todos os níveis dos governos, do alto clero ao mais baixo escalão, para garantir direitos cada vez mais amplos aos que participam daquele governo, e muitos deles vão ficando pelo Estado por conta dos seus "padrinhos políticos". Afinal, a conta era da viúva.

A corrupção se alastra em forma de propinas ou ineficiência, de cima para baixo, no setor público e por toda a sociedade brasileira, *rent seeking*, num jogo de equilíbrio entre amigos de baixíssima eficiência. Um setor público que toma mais de 40% do PIB torna-se tão grande e poderoso que escolhe os vencedores e compra a sociedade civil, num processo muito bem-descrito por Saramago em *A ilha des-*

---
6 "Cultura e corrupção" (*O Globo*, 10/12/2017).

conhecida. O crescimento do Estado, da ineficiência e da desigualdade social estão intimamente ligados, num ciclo vicioso que se retroalimenta e que precisamos urgentemente romper. Principalmente agora que a viúva morreu. Para sairmos do buraco, a primeira palavra de ordem é transparência: informação qualificada e compartilhada para fazer o balanço dos ativos e passivos remanescentes, o tamanho do buraco, dos privilégios, como e quem vai ter que dividir a conta. Assumir que estamos quebrados é o primeiro passo.

A regra básica é "não deixar a raposa tomar conta do galinheiro". Vale para o judiciário e também para as entidades públicas de informação. É fundamental a independência e integração de/entre órgãos de informação como IBGE, Ipea, IPP, ISP, dentre outros, e uma relação saudável entre eles e o Centro de Informação Qualificada, pois, como já discutimos, é através dele que se permite dar poder ao cidadão.

Todos esses órgãos de informação, assim como agências reguladoras e de fomento, e especialmente o Centro de Informação Qualificada, deveriam ser pelo menos em parte geridos por fundos filantrópicos, num modelo de parceria público-privada-sociedade civil, para garantir a transparência e qualidade das informações, a eficiência das ações, bem como o monitoramento efetivo das metas a serem perseguidas pelos governos e por todos os demais setores da economia. O desenvolvimento do mercado de capitais e das "finanças verdes" poderia ajudar a reverter a trajetória do Rio, do país e do mundo rumo ao caos social.

Para isso, é importante criar uma metodologia de Governança Pública, tal como ocorreu no passado recente com a implantação das áreas de gestão de riscos corporativos e avaliação de conformidade às leis (*compliance*), em reação a escândalos envolvendo corrupção e operações estruturadas mal-avaliadas, primeiro nos bancos e depois nas empresas e fundos de pensão.

Na década de 1990, casos como o Banco Barings e Orange County originaram a divulgação do *RiskMetrics* pelo JP Morgan, e todo um arsenal de gestão de riscos foi continuamente aprimorado pelo Comitê da Basileia para a regulação internacional do sistema financeiro. A partir de 2000, casos como os da Enron e WorldCom originaram a Lei Sarbannes Oxley, e toda uma metodologia de mapa de gestão de riscos e governança corporativa a partir de então.

Os recentes fenômenos de corrupção no Brasil expuseram quão falhos são os nossos modelos de fiscalização e controle, tanto públicos quanto privados, que padecem do erro tipo I e do tipo II, ou seja, geram muita burocracia, impedindo a agilidade do bom gestor, sem impedir as falcatruas do mau gestor. Uma nova onda de revisão dos sistemas de fiscalização e controle surge no setor privado e fundos de pensão, e deveria se estender para o setor público.

Todo o arsenal desenvolvido no ramo de Governança Corporativa pode ser aplicado para melhorar a qualidade também da gestão pública a partir do reconhecimento por parte dos cidadãos de que eles são os "proprietários da coisa pública". Ou seja, o cidadão desempenha, com relação à gestão da coisa pública, o papel dos minoritários das ações das empresas registradas em bolsa.

O Código de Boas Práticas de Governança Corporativa do IBGC 2015 pode ter sua definição adaptada, bem como todas as boas práticas, da gestão empresarial para a gestão pública. Para a boa Governança Pública pode ser interessante a criação de um órgão análogo ao Conselho de Administração de uma empresa, uma espécie de "Conselho de Cidadãos", efetivamente representativo da sociedade – e não observadores passivos daquilo que um governo quer apresentar referente a um suposto plano de metas imposto de cima para baixo, tal como em geral acontece. A esse Conselho estaria vinculado o Centro de Informação Qualificada, que funcionaria como um "comitê de riscos" sobre a prosperidade do território e suas sub-regiões.

A adaptação das práticas e do conceito para a Governança Pública requer a adequação de alguns termos: proprietários substituem-se por cidadãos, diretoria por Executivo, órgãos de fiscalização e controle pelo Judiciário, Conselho de Cidadãos no lugar do Conselho de Administração, e inserir a função de normatização para incluir o Legislativo. A questão remanescente seria qual a finalidade da Governança Pública? A proposta é que deva preservar e otimizar o bem-estar de longo prazo dos cidadãos, com o que se chega ao conceito sugerido para Governança Pública.

Governança Pública é o sistema pelo qual as organizações públicas são dirigidas, monitoradas e incentivadas, envolvendo o relacionamento entre cidadãos, Conselho de

Cidadãos, Executivo, Legislativo, Judiciário e demais partes interessadas. As boas práticas de Governança Pública convertem princípios básicos em recomendações objetivas, alinhando interesses com a *finalidade de preservar e otimizar o bem-estar de longo prazo dos cidadãos*, facilitando o acesso do sistema a recursos, e contribuindo para sua qualidade de gestão e sua solvência.

A partir desse conceito pode se desenvolver todo um arsenal de fórmulas e mapas de risco para melhorar a qualidade da gestão pública.

4 O papel do setor privado

Ricardo Abramovay, em *Muito além da economia verde*, enxerga a emergência de um discurso de responsabilidade socioambiental no ambiente corporativo inédito na história do capitalismo. São vários os movimentos empresariais que emergem com objetivos explícitos de um novo modo de produção, que satisfaça as reais necessidades sociais e por meios que compatibilizem o sistema econômico com os limites ecossistêmicos. Nós estamos vivendo um processo de transição para uma vida econômica em que as decisões não só dos atores públicos e associativos, mas também dos atores privados, passam a ser guiadas não apenas por critérios objetivos como os que figuram no balanço, ou no valor das ações das empresas, mas também por finalidades de natureza ética.

Existe um movimento social no movimento empresarial voltado para esse objetivo de compatibilizar o sistema econômico com a regeneração dos tecidos ambientais e sociais que foram destruídos pelo crescimento dos últimos anos. Para ele, os "movimentos sociais", muito mais do que gente na rua, é a emergência de uma cultura, a partir de um conjunto mais ou menos descentralizado de ideias e de iniciativas. Ele percebe uma crescente conscientização do risco de colapso a partir do final do século XX, a percepção de que questões associadas às mudanças climáticas, os conflitos sociais, o esgotamento de água, poluição etc. passam a constituir uma ameaça real aos negócios.

Essa conscientização gera uma enorme oportunidade para o mercado de seguros, resseguros e de capitais de uma forma geral. Aliás, a potência do nosso mercado de capitais é uma das vantagens comparativas do Brasil; temos uma das maiores bolsas de valores e derivativos do mundo e um mercado de fundos de investimentos muito sofisticado e que mistura bem a regulação pública da Comissão de Valores Mobiliários com a autorregulação e boas práticas da Anbima. O desenvolvimento de um mercado de fundos de investimentos socioambientais seria um grande trunfo para aliviar o mal-estar da civilização.

A filantropia tem que deixar de ser vista pela ótica da assistência e benevolência, mas como um instrumento de seguro, necessário para o nosso desenvolvimento sustentável. Pode ser modelado e desenvolvido, inclusive, pelos setores de administração de recursos e de seguros. A força motriz do desenvolvimento do Rio pode ser o fortalecimento de um "mercado verde de capitais", instrumento de mercado direcionado para a recuperação e sustentabilidade da metrópole.

O investimento de maior retorno socioeconômico no momento atual do Rio seria prevenir a violência urbana através de um modelo participativo de geração de renda e melhoria de qualidade de vida nas favelas e periferias.

Fundos de investimento socioambientais

A questão que se pretende direcionar com a proposta apresentada nesta seção nos foi deixada por Ferreira Gullar, no artigo "Não basta ter razão" (*Folha de S. Paulo*, 03/02/2013): "Como estimular a iniciativa criadora de riqueza e, ao mesmo tempo, valer-se da riqueza criada para reduzir a desigualdade?"

Um caminho possível seria através do desenvolvimento de uma indústria de fundos de investimento socioambientais, voluntária ou não. Incentivar o *animal spirit* das pessoas que já estão ricas a competir, não mais por acumular dinheiro, mas sim por quem gera mais prosperidade no mundo. Assim como os países historicamente poluidores é que deveriam pagar pela conta ambiental, são os ricos que deveriam pagar para compensar a concentração de renda do planeta. De certa forma já o fazem, com a inauguração de inúmeras fundações de pessoas ricas para alguma causa socioambiental, mas é necessário que se institucionalize esse processo, de forma que pessoas nem tão ricas assim possam ou sejam obrigadas a participar também – custa muito caro criar uma fundação, e só realmente alguns dos milionários o fazem. Caso haja uma indústria de fácil acesso, como o são os fundos de investimento, pessoas ainda em fase de acumulação também podem passar a contribuir – e contribuirão mais quanto maiores forem os impostos sobre heranças.

Mais do que isso, um imposto mundial sobre riqueza seria muito bem-vindo. Minha sugestão seria a de que os recursos fossem administrados pelo próprio mercado de fundos de investimento com relação à captação e prestação de contas aos investidores, mas que a seleção de portifólio e execução dos projetos na ponta seriam realizados por especialistas sociais, as ONGs com bons resultados na área de atuação, por exemplo. Tudo com um sistema adequado de fiscalização e avaliação dos impactos sociais.

A indústria financeira mundial, infraestrutura de negócios, capacidade analítica, capilaridade com os investidores etc., que administra cerca de US$ 120 trilhões, pode ser colocada a serviço desse novo paradigma de investimentos. Com efeito, se os detentores desse capital administrado destinassem apenas 0,1% dos seus recursos para causas socioambientais, o que não é descabido supor, tendo em vista a tomada de consciência diante da urgência social e ambiental, teríamos algo como US$ 120 bilhões anuais, montante superior ao volume de recursos que o Green Climate Fund se propõe a arrecadar.

Para esse mercado se desenvolver voluntariamente é necessário criar a cultura da solidariedade e/ou mostrar os benefícios diretos que os investidores obteriam com os resultados alcançados, redução da violência, por exemplo, o que não é tão difícil, dado o mal-estar urbano hoje imperante no mundo.

A consolidação de um mercado de fundos de investimento socioambientais irá, organicamente, estimular o crescimento de uma indústria de serviços especializados – como monitoramento, certificação e avaliação de impacto, entre outros – para atender a administração eficaz desses fundos, o que geraria uma gama de novos empregos, além de estabelecer uma nova cultura de filantropia social com responsabilidade, ampliando o campo de atuação para o Terceiro Setor, já que as ONGs com experiência nas áreas que constituem o foco de investimento do Fundo deverão ser chamadas para operacionalizar os projetos.

Há um enorme potencial desse tipo de instrumento para alavancar as políticas sociais públicas, saúde, educação, preservação do meio ambiente, com recursos privados. Em determinado formato, o novo instrumento poderia compor uma nova categoria de "Parcerias Público-privadas Sociais", nas quais recursos públicos também poderiam ser alocados em fundos cujos regulamentos espelhassem políticas públicas e perseguissem indicadores de desempenho consoantes a essas políticas. Tudo com o devido controle e transparência. Podemos supor que a conjugação de capitais públicos e privados em investimentos sociais e ambientais gere externalidades positivas e, portanto, retornos crescentes, proporcionando resultados que irão além da alavancagem financeira; ela trará um novo olhar e tornará a sociedade mais parceira desses investimentos.

5 Por um modelo de gestão de riscos da humanidade

Me cobrir de humanidade me fascina e me aproxima do céu (Moska/ZD).

Estamos esgarçados enquanto sociedade. Cada indivíduo preocupado com o seu bem privado, o bem público não é de ninguém, era da viúva, mas a viúva morreu, e perdemos a oportunidade de cuidar do que nos é comum. O que é urbano, coletivo, o que é humano. Não me refiro à pauta de direitos humanos, mas ao indivíduo, o que nos identifica como seres humanos, somos um só – tal como na música dos Tribalistas, somos comunistas e capitalistas, anarquistas, o patrão, a justiça, o ladrão, somos todos eles, da ralé ou da realeza.

Temos de recuperar o princípio de fragilidade humana, que nasce da evidência de que não somos ninguém – diante da morte, da perda, da dor – para, a partir de então, se reestabelecer regras básicas de convívio. Na família e na sociedade. O princípio grego de hospitalidade, por exemplo, o prazer de hospedar o outro, acolhê-lo; mesmo que virtualmente, conceitualmente. Valorizar e respeitar nossos próprios sentimentos, assim como os dos outros, porque no fim é isso que importa: o afeto. A promessa feita nos últimos séculos pela ciência de um mundo sem sofrimentos, de paz e prosperidade tornou o ser humano muito arrogante. Nós economistas então, nem se fala.

O mundo está muito polarizado, entre direita e esquerda, entre povos de diferentes religiões, entre as diferentes partes interessadas da sociedade. Há teses em excesso, muitos interesses dispersos – mesmo quando legítimos. Fora os que só agem em interesse próprio, lucrando em nome de "causas" nobres – tais como a pobreza –, e assim impedindo as engrenagens de girarem em favor da vida. Tornamo-nos muito ineficientes enquanto sociedade, fomos cuidando de assuntos específicos e acabamos só trabalhando nas "bordas" do sistema, esquecendo do que nos é mais comum. E é justamente desse comum que temos de partir.

O esgarçamento da sociedade e a flor da vida

Esse símbolo geométrico que se forma no centro, descobri depois, é conhecido desde a mais remota antiguidade como "a flor da vida". Este é o nome moderno que se dá a esta figura composta de vários círculos de igual diâmetro, sobrepostos de maneira padronizada, formando uma estrutura semelhante a uma flor composta, em seu núcleo, por seis pétalas simétricas. É reverenciada há muito tempo como elemento de construção simbólica para muitas culturas antigas e utilizada por alguns dos mais ilustres sábios da humanidade – Da Vinci não foi o primeiro –, para derivar enigmas matemáticos. Poderia ser usada para ensinar geometria e física.

Essa imagem é conveniente para o que o sistema de mandalas se propõe, uma radiação de dentro para fora, de dentro de cada célula, mas ordenada a partir do Centro de Informação Qualificada, articulando as engrenagens entre cada indivíduo, a família, a sociedade, entre a macro e a microfísica do poder. Sem lado esquerdo ou direito, de cima ou de baixo, sem centro definido, mas apenas uma rede de propagação de "estrelas". Na verdade, não existe centro; dependerá de qual o foco que se quer dar, e então qual a "estrela" que se ilumina no sistema integrado de mandalas.

O sistema de mandalas incorpora, além das estrelas, os especialistas, peças-chave na engrenagem do sistema. Nem todo mundo deveria precisar ser líder para ser valorizado. Há lugar para todo mundo. E cada um é o líder da sua própria vida, com os direitos e deveres que isso implica. Cada indivíduo deve ter a liberdade de achar o seu lugar – dentre as inúmeras possibilidades das redes – ao invés de ter a si mesmo imposto um modelo hierarquizado de família, comportamento ou de sociedade.

O sistema de mandalas pode ser aplicado para classificar, ordenar e gerenciar os objetivos de desenvolvimento sustentável do Sistema ONU, e a partir daí definir um indicador sintético de desenvolvimento sustentável a ser perseguido para cada território ou projeto, seja por um Centro de Informação Qualificada, num plano estratégico de governo, ou para estabelecer metas de fundos socioambientais.

Em uma das aplicações do sistema de mandalas, a flor da vida se forma por sete círculos, representando sete "capitais", ou seja, ativos elencados como compondo a riqueza da sociedade – econômico, ambiental, social, urbano, cultural e "governamental", sendo que no centro está o capital humano.

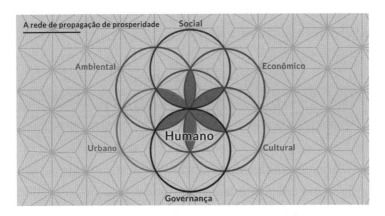

A título de ilustração, podemos visualizar num gráfico os projetos de maior impacto em cada uma das áreas, dos sete capitais. A flor da vida concentraria em suas pétalas a congruência dos projetos de maior capital humano com três outros capitais, ou seja, seriam os projetos de maior valor compartilhado (usando o conceito de Michel Porter) para a sociedade. E os sete capitais podem se fazer representar através dos vértices dos triângulos nos 17 gols de desenvolvimento sustentável (GDSs)[7].

A partir daí podem-se construir indicadores para avaliar os resultados em termos de desenvolvimento sustentável de projetos públicos e privados, fundos de investimento etc. O retorno de determinado ativo financeiro, seja a ação de uma empresa ou um fundo de investimento, deve levar em consideração não só o retorno financeiro, como também o socioambiental, mensurado, por exemplo, pelos indicadores dos GDSs. Com base nesses objetivos pode-se aplicar um modelo de fatores, no qual o retorno total é dado pela soma do financeiro e do socioambiental, medido, por sua vez, pelo somatório dos indicadores associados aos GDSs.

$$R = Rf + Rsa$$
$$Rsa = \sum_{i=1}^{17} \alpha i . (GDSi)$$

Para que consigamos avançar significativamente na agenda de sustentabilidade temos de buscar soluções inovadoras que envolvam a criação de uma estrutura de governança, transparência, controle e avaliação de impacto para novos formatos jurídicos, tais como as parcerias público-privadas participati-

---

[7] No site das Nações Unidas no Brasil é possível encontrar a versão traduzida pelo Centro de Informação das Nações Unidas para o Brasil (Unic Rio) do documento *Transformando nosso mundo* [Disponível em https://nacoesunidas.org/pos2015/agenda2030/].

vas e a proposta de fundos de investimento socioambientais. É muito importante que se criem instrumentos de avaliação efetivos dos resultados alcançados a partir de metas claras, tais como as métricas desenvolvidas recentemente para os GDSs.

A situação emergencial de violência urbana no Rio de Janeiro, hoje, é um caso que justifica uma concentração de esforços do setor privado, mercado de tecnologia social e do mercado de capitais. Conter a violência é importante; mas a longo prazo, a única solução sustentável é prevenir: investir em projetos que ajudem a consolidar a paz nos territórios pacificados através da inclusão social e produtiva daquelas comunidades, preferencialmente por meio do estímulo ao empreendedorismo local.

*

Anexo I
"A vida como ela é", a experiência do Pacto do Rio

Só quando deixei o gabinete da Secretaria de Fazenda do Rio para assumir o programa da prefeitura para o desenvolvimento urbano das favelas pacificadas (UPP Social), é que enxerguei a desigualdade estrutural em que vivemos e a bolha de elite em que estava inserida. Meu relato parte de uma doutora em economia que não estudou ciência política, mas que exerceu por sete anos um papel político de relevância. Vem da experiência prática, também pelos doze anos anteriores em que trabalhei no mercado de capitais, como especialista em gestão de riscos, controle e governança corporativa.

A informação qualificada é o que traz vantagem comparativa ao mercado, seja o financeiro ou o de votos. Há sempre a tentativa de se esconder informação e perdas já existentes para, assim, obter vantagens escusas, burlar controles e, no caso do Estado, esconder a realidade do eleitor. Não temos instrumentos adequados de participação e controle. Foi quando assumi o Instituto Municipal Pereira Passos (IPP) que descobri que nos falta, principalmente, informação qualificada. E o valor que a informação tem para o desenvolvimento sustentável de uma cidade.

A UPP Social, apesar dos nossos dois prêmios internacionais, não obteve o sucesso que se pretendia – o que ajudou a deteriorar a política de pacificação –, por falta de integração, eficiência e avaliação das inúmeras e dispersas políticas sociais, que derivam das enormes disputas políticas em torno desses territórios; o tal mercado de votos.

Era uma metodologia teoricamente muito bem desenhada na Secretaria de Direitos Humanos e Assistência Social do Estado, visando um choque de serviços públicos paralelamente à entrada da polícia/UPP. O projeto mostrou-se, no entanto, inviável politicamente, pois pressupunha um articulador político entre as demandas qualificadas das favelas pacificadas e toda a ampla oferta não só do setor público, como da sociedade, àquele novo mercado que surgia.

A grande concentração de ações públicas daria muito poder a quem as realizasse, e o projeto acabou minado, empurrado do Estado para a prefeitura, onde nunca teve força. O prefeito não queria apoiar a política de pacificação porque assim estaria fortalecendo politicamente o secretário de segurança, que já ganhava o apoio da população. E a união de esforços não se encaixava com a estratégia de todos os políticos que ali estavam, que era justamente fatiar aquele novo mercado de votos que se abria. As favelas foram "empoderadas" com o excesso de promessas dispersas e inexequíveis através de "lideranças locais", que na verdade eram cabos eleitorais dos candidatos e trabalhavam para os políticos, e não para a população, em um projeto de desenvolvimento urbano que financiou, hoje se sabe, boa parte da corrupção do governo estadual e federal e quase nada ficou nas comunidades, além de descrédito, decepção.

A UPP Social, já na prefeitura, tentando integrar as forças, mas sem força política, acabou sendo atacada pelos dois lados. Tanto pelo próprio governo como também pelos moradores das favelas, que não gostaram de ver seu "espaço de fala" invadido por cientistas sociais "representando" a prefeitura. E os cientistas sociais, por outro lado, não queriam nem o sucesso da política de pacificação nem representar a prefeitura, justificadamente nada benquista pelas favelas. Do governo, a UPP Social tinha menos empatia ainda, já que se colocava como defensora dos direitos da favela, e não um mediador entre as duas partes, tal como deveria ser. E os secretários também não ajudavam, empurrando projetos de cima para baixo, sem levar em consideração os bem-elaborados diagnósticos produzidos pela UPP Social. Até que o programa começou a se esgarçar internamente, entre os gestores de campo que coletavam as demandas e a área institucional, que obviamente não conseguia fazê-las acontecer. Sem força política, a saída foi transformar a UPP Social num programa de geração de informação qualificada e, em torno dela, acordos e parcerias público-privadas participativas, muitas delas com muito sucesso.

O IPP participava da "Cúpula das Favelas", composta por um grupo de lideranças comunitárias e de gestores públicos e privados sob a coordenação do Ministro Reis Velloso, do Fórum Nacional. O grupo publicou vários livros com planos de desenvolvimento para as favelas[8] e implantou diversos projetos de parcerias público-privadas participativas. Dentre os vários liderados pelo IPP, destaca-se o Agentes de Transformação[9] – que elaborou uma espécie de senso dos jovens das favelas pacificadas, feito pelos próprios jovens. Todos os projetos visando formar uma base de informação qualificada sobre as favelas e a partir de então um plano participativo de ação para a inclusão social e produtiva delas.

Um exemplo claro de informação qualificada era o mapa rápido participativo das favelas, elaborado pela UPP Social, que indicava as condições urbanas, de água, saneamento, coleta de lixo, risco de deslizamento etc., para cada microrregião de cada favela. A partir de então poderia ser feita uma força-tarefa para melhorar as condições, direcionada para os responsáveis na prefeitura, Comlurb, por exemplo, e outros poderes como a estadual Cedae, para resolver as questões, principalmente as das áreas mais vulneráveis.

---

[8] "'Favela é cidade': fazer acontecer". In: VELLOSO, J.P.R. (coord.). *Cultura, "favela é cidade" e o futuro das nossas cidades*. Fórum Nacional / Inae, 2014.

[9] Disponível em https://www.unicef.org/brazil/pt/media_31942.html

O mapa, no entanto, nunca chegou a ser usado. Pelo contrário, foi proibido de ser publicado por questões políticas, o que me levou à convicção de que a gestão da informação, essencial para a gestão consciente e sustentável da cidade, não poderia estar nas mãos do governo; deveria ser um órgão independente.

Toda essa experiência acabou se transformando no Pacto do Rio, lançado em dezembro de 2014, com o objetivo de construir essa instância de articulação das ações em torno das favelas, que no momento pré-olímpico eram muitas, com muito investimento financeiro, mas muito desintegradas. O objetivo era retroalimentá-las, fortalecê-las, já que o quadro falimentar que hoje vimos no Rio já se desenhava para nós. O modo como as ações destruíam umas às outras por descuido, por disputa de territórios, além da corrupção, era de uma enorme ineficiência. A falta de clareza de tudo que estava acontecendo, a falta de transparência, levava a um estado de corrupção generalizada.

O objetivo com o Pacto era fazer convergir um movimento de baixo para cima – a partir da vontade da população de participar e melhorar a qualidade dos serviços públicos – com a pressão dos organismos internacionais por mais transparência e melhores políticas públicas e privadas em prol do desenvolvimento sustentável. E, assim, tentar dar um choque de eficiência no sistema, que em geral tinha à esquerda, ONGs, universidades, e órgãos de pesquisa criticando o setor público e o privado, que por sua vez se alinhavam estrategicamente, tal como na Mandala dos seis poderes.

Para evitar a tendência natural à desagregação das forças – cada um dos poderes puxando para um lado, sem resultados efetivos, mesmo quando se tinha um objetivo comum – é necessário que se estabeleçam papéis e atribuições muito bem definidos e distribuídos, reafirmando o termo para fazer uma analogia ao modelo de Paul Baran. O modelo descentralizado tem uma tendência natural à dispersão. Tal como se houvesse seis vetores a partir do centro da Mandala dos seis poderes, cada um puxando para fora, tentando do seu jeito expandir o "seu" conceito de sustentabilidade. Mas sem coordenação, no modelo descentralizado, as engrenagens não funcionam, a roda não gira, ficamos todos parados no lugar ou o modelo se rompe.

O Pacto do Rio nada mais foi – hoje se vê – do que uma tentativa de organizar os vários poderes existentes no entorno de alguns temas. Surgiu com enfoque no desenvolvimento das favelas, ampliou-se para a sustentabilidade da metrópole em 2015: uma rede de parceiros que firmaram compromissos para alinhar esforços e objetivos, de modo a que as ações se interligassem e se fortalecessem.

Para integrar as informações e coordenar as ações para a recuperação sustentável do Rio propôs-se no Fórum de Sustentabilidade do Rio de 2016 (forumdesustentabilidade.rio) a criação de um Centro de Resiliência Metropolitana, gerador de informação qualificada – tal como um mapa dos riscos urbanos da metrópole – e de mecanismos de participação e controle mais efetivos por parte da população, ou seja, uma aplicação específica do Centro de Qualificação da Informação para a conjuntura da época.

A experiência do Pacto seguiu as mesmas fases do processo desenvolvido por Paul Baran em *On Distributed Communications*, até chegar ao formato final da internet.

Figura dos três tempos de Paul Baran

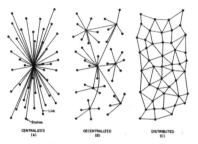

O movimento nasceu centralizado no IPP, foi descentralizado com a criação do Cariocas em Ação, uma *start-up* de cidadãos que coordenaria a rede numa parceria com a Associação Comercial do Rio, mas que acabou por se dissipar com a crise e a falência do Estado do Rio. Neste capítulo, a ideia volta à tona com a proposta de um modelo distribuído, o Centro de Qualificação da Informação, com atribuições claras e um modelo de governança bem-definido. Esse modelo de desenvolvimento territorial consiste de duas etapas: a obtenção de um indicador de prosperidade consensual entre os seis poderes da Mandala (tal como desenvolvido no IPF) e um modelo de corresponsabilização entre os poderes que se multiplica através da rede de propagação da prosperidade pelos parceiros e pelo território.

4
Ética e política

Oswaldo Giacoia Junior

Crises emergem em períodos de instabilidade e enfraquecimento do princípio que realiza a síntese e a integração entre o universo simbólico dos valores e regras socialmente compartilhados, o enquadramento normativo que organiza a vida social e determina a ordem socialmente vigente, e o conjunto das condições gerais de existência, num determinado período da história de uma dada organização social. Nessas condições, perde sua higidez e a evidência de fundo aquele conjunto mínimo de crenças básicas subjacentes aos modos de pensar, sentir e querer, vigentes nas diferentes esferas da vida, nas quais estavam até então ancoradas as referências que serviam de padrão de julgamento e orientação das ações, proviam os alicerces de segurança no presente e diretrizes de orientação para o futuro.

Nessas condições, a consciência filosófica sempre foi interpelada com vistas a uma tarefa que pertence essencialmente à sua esfera de responsabilidade espiritual: aquela que consiste em formular um diagnóstico crítico do presente, lastreado em rememoração histórica, com o propósito de aportar alguma clareza em momentos sombrios e de incerteza, quando a tomada de decisões torna-se urgente e inexorável – este é, aliás, o sentido próprio da palavra *crise*, oriundo do léxico da medicina antiga, e conhecido desde a Grécia clássica. Ora, este é justamente o cenário no qual se desenrola o drama da reflexão ética contemporânea. E para o enfrentamento da tarefa que hoje nos cabe, podemos tomar como valioso ponto de partida um diálogo com a tradição da qual nos nutrimos.

Um fragmento de sentença, atribuído a Heráclito de Éfeso (filósofo pré-socrático que viveu entre 535 a.C. e 475 a.C.), proporciona o ensejo para uma meditação sobre ética, que pretende situar-se no interior dos marcos acima mencionados. Refiro-me ao excerto numerado como B119 na edição Diel-Kranz dos filósofos pré-socráticos, e que guarda o precioso registro de uma acepção originária da palavra ética, de grande importância para meus propósitos. Inscrição memorial tanto mais curiosa e notável quanto o fato de ter sido olvidada, ou de não ter sido resgatada pelas traduções, mas reportada a Heráclito, reza: ἦθος ἀνθρώτω δαίμοον[1], e sua tradução mais conhecida é: *"o caráter próprio do homem é seu demônio"*.

---

[1] Fragmento 119, atribuído a Heráclito de Éfeso, citado segundo a clássica edição DIEL-KRANZ (org.). *Die Fragmente der Vorsokratiker*. Berlim: Weidmann, 1952. Reproduzo o fragmento de acordo com o texto grego porque – como se verá na sequência – esse recurso é importante para o argumento que pretendo desenvolver.

Só recentemente a tradução desse fragmento feita pelo filósofo Martin Heidegger trouxe novamente à luz aquele sentido mais fundamental e autêntico da frase heraclitiana, numa revolucionária interpretação, que é também um autêntico exercício de hermenêutica filosófica. Em sua formulação original, a tradução proposta por Heidegger é a seguinte: "*a habitação familiar é para o homem o aberto para a presentificação do Deus (o não familiar)*"[2]. Frase que resumo e simplifico na seguinte formulação: *o ethos é a morada do homem*. Heidegger ampara a letra e o sentido dessa sua interpretação na rememoração de uma antiga narrativa, referente a uma expedição de visita feita por curiosos à casa do pensador Heráclito, e transmite a anedota segundo a versão que dela recolhe no depoimento de Aristóteles:

> Narra-se de Heráclito uma palavra que teria dito aos forasteiros que queriam chegar até ele. Aproximando-se, viram-no como se aquecia junto ao forno. Detiveram-se surpresos; isto, sobretudo, porque Heráclito ainda os encorajou – a eles que hesitavam –, convidando-os a entrar, com as palavras: *Pois também aqui estão presentes deuses [...]*[3].

Daí se depreende que a habitação familiar do filósofo é o espaço e a abertura, a clareira, na qual fazem sua morada os homens e os deuses – este seria o espaço do *ethos* ou, melhor

---

2 HEIDEGGER, M. *Sobre o "humanismo"*. São Paulo: Abril, 1973, p. 369 [Trad. Ernildo Stein] [Coleção Os Pensadores].
3 ARISTÓTELES. "Partes dos animais", A 5.645 a 17. In: *Obras completas*. Vol. 4, t. 3. Lisboa: Centro de Filosofia da Universidade de Lisboa/Imprensa Nacional-Casa da Moeda, 2010 [Trad. Maria de Fátima Sousa e Silva].

dizendo, o *ethos* como espaço de uma forma de existência autenticamente humana. De acordo com essa acepção, ética seria, propriamente, a designação para modos de ser, âmbito de presentificação de formas de vida.

Ethos (ήθος) seria, então, a casa, a morada, o lar entendido enquanto mundo humano, o âmbito no qual o homem (άνθρώτω) existe juntamente com todos os demais entes intramundanos, com os outros homens e com os deuses, que vêm ao seu encontro precisamente nessa clareira, e nela se desvelam em seu ser próprio, que nesse manifestar-se e desvelar-se permanecem na esfera de sua proximidade com a habitação humana, e fazem parte da definição essencial do próprio homem. É nesse horizonte de sentido que deveria ser compreendida também, segundo a interpretação de Heidegger, a presença da palavra δαίμων (o Deus) no fragmento de frase acima citado. Este seria o modo originariamente grego de pensar, no qual *ethos* nomeia a abertura, o espaço de presentificação. Morar na clareira do Ser seria, para Heidegger, a expressão autêntica da essência do homem, de modo que a sentença de Heráclito teria, para Heidegger, o seguinte conteúdo: o homem habita o mundo, e, na medida em que é homem, o faz também na proximidade do Deus.

Esta reconstituição de sentido da proveniência do termo ética enuncia-se com referência à palavra *ethos*[4], que, de acordo com essa raiz etimológica, designa a "morada do homem (e do animal em geral). O *ethos* é a casa do homem. O homem habita sobre a terra, acolhendo-se ao recesso seguro

---

4 Com H/η (eta) inicial.

do *ethos*. Este sentido de um lugar de estada permanente e habitual, de um abrigo protetor, constitui a raiz semântica que dá origem à significação do *ethos* como costume, esquema praxeológico durável, estilo de vida e ação. A metáfora da morada e do abrigo indica justamente que, a partir do *ethos*, o espaço do mundo torna-se habitável para o homem. O domínio da *physis* ou o reino da necessidade é rompido pela abertura do espaço humano do *ethos* no qual irão inscrever-se os costumes, os hábitos, as normas e os interditos, os valores e as ações. Por conseguinte, o espaço do *ethos* enquanto espaço humano não é *dado* ao homem, mas *construído*, ou incessantemente reconstruído"[5].

Nessa acepção, *ethos* é, pois, a morada do homem, na qual ele habita juntamente com os deuses, com os demais entes não humanos, e com os outros homens; portanto, com mortais e imortais, sobre a face da Terra, debaixo dos céus. Isso significa que Ética não é apenas uma disciplina filosófica, nem, muito menos, um conjunto de normas de conduta e imperativos de dever, senão que é, sobretudo, modo de ser e forma de vida, na qual o homem encontra-se enraizado.

Esta derivação, no entanto, não esgota toda etimologia da palavra ética, pois há também sua varitante a partir de *ethos*[6], na qual prevalece aquele sentido que predomina na tradução latina de *ethos* por *mos*. A partir desse radical, a palavra *ethos* passa a designar o comportamento que resulta de um constante repetir-se dos mesmos atos, ou seja, os usos e costumes,

---

[5] VAZ, H.C.L. *Escritos de filosofia II*: ética e cultura. São Paulo: Loyola, 1988, p. 12s.

[6] Com a letra épsilon: E [maiúscula], ε [minúscula].

as regras de conduta e norma de ação legadas pela tradição, de onde provém a palavra moral (com apoio em *mos*).

Nesse sentido, a palavra denota "o que ocorre frequentemente ou quase sempre (*pollákis*), mas não sempre (*aeí*), nem em virtude de uma necessidade natural. Daqui a oposição entre *éthei* e *physei*, o habitual e o natural. O *ethos*, nesse caso, denota uma constância no agir que se contrapõe ao impulso do desejo (*órexis*). Essa constância do *ethos* como disposição permanente é manifestação e como que o vinco profundo do *ethos* como costume, seu fortalecimento e o relevo dado às suas peculiaridades. O modo de agir (*trópos*) do indivíduo, expressão de sua personalidade ética, a articulação entre o *ethos* como caráter e o *ethos* como hábito"[7].

De acordo com isso, o pressuposto antropológico, sócio-histórico e psicológico da ética é a faculdade humana da memória, a capacidade de recordação, já que a fixação de costumes e princípios de ação só pode ser levada a efeito em virtude da repetição constante de determinados esquemas normativos. Nesse estrito sentido, Ética é o saber organizado como ciência dos diferentes sistemas da práxis humana, dos usos, costumes e regras de conduta característicos das diferentes sociedades ao longo da história humana. É importante destacar, nesse contexto, o caráter de processualidade e de dinâmica que ainda se encontra preservado no campo semântico circunscrito pelas duas modalidades de grafia de *ethos*.

---

[7] VAZ, H.C.L. *Escritos de filosofia II*: ética e cultura. Op. cit., p. 14s.

Esse caráter processual e dinâmico, cuja reconstituição é fundamental para a compreensão de sua gênese, é uma perspectiva que permite reconstruir o caminho que leva, na história da hominização, do momento inicial da aquisição dos costumes ao momento culminante de sua fixação, estabilização ou interiorização. É nessa trajetória que se inscreve também o devir humano do homem.

"Mas se o *ethos* (com *épsilon* inicial) designa o processo genético do hábito ou da disposição habitual para agir de uma certa maneira, o termo dessa gênese do *ethos* – sua forma acabada e o seu fruto – é designado pelo termo *hexis*, que significa o hábito como possessão estável"[8], como princípio próximo de uma ação posto sob o senhorio do agente e que exprime a sua *autárkeia*, o seu domínio de si mesmo, o seu bem. "Entre o processo de formação do hábito e o seu termo como disposição permanente para agir de acordo com as exigências da realização do bem ou do melhor, o *ethos* se desdobra como espaço de realização do homem, ou ainda como lugar privilegiado de inscrição de sua *praxis*"[9].

Por isso, o caráter processual e dinâmico do *ethos* mantém uma relação profunda e essencial com a memória e, por meio dela, também com a história, e é por causa disso que nenhuma reflexão sobre a ética pode prescindir de tomar como ponto de partida considerações que são de natureza histórica. Mesmo a tentativa precursora e ousada do filóso-

---

[8] Repito aqui a nota 15 da p. 14 do texto de Lima Vaz: "*Hexis* na linguagem médica tem a significação de 'Estado' ou 'constituição'". Em latim, *habitus, habere*. Cf. ARISTÓTELES. *Ética a Nicômaco*, VI, 1, 1138b 32-34.

[9] VAZ, H.C.L. *Escritos de filosofia II*: ética e cultura. Op. cit., p. 14s.

fo contemporâneo Hans Jonas, que propõe uma ética para a civilização tecnológica – numa contribuição que constitui, seguramente, um novo marco na ética contemporânea, voltada fundamentalmente para o presente e para o futuro –, abre o seu livro intitulado *O princípio responsabilidade* com um capítulo que destaca o vínculo originário entre ética e política em nossa tradição cultural, já fortemente subsistente em berço histórico na Grécia clássica. E tem bons motivos para fazê-lo, pois o que se faz figura do mundo em nossos dias é justamente uma perturbação decisiva na constelação em que se inseria a reflexão sobre a ética até a Modernidade, que produz uma desestabilização e enfraquecimento do patrimônio de crenças básicas tacitamente compartilhadas ao longo do processo civilizatório que nos conduziu às incertezas do presente.

Essa perturbação cataclísmica parece ser o resultado de uma nova modalidade de relacionamento entre a Ética e as ciências da natureza, nos contornos adquiridos por esse relacionamento a partir do surgimento da moderna tecnociência. Desde então, as questões e dificuldades mais importantes que se impõem à reflexão ética teórica e aplicada não seriam mais provenientes, como até então, das demais disciplinas filosóficas, como a Metafísica, por exemplo, mas dos domínios de conhecimento que são constituídos pelas ciências naturais, em particular do que se denomina habitualmente de *hard sciences*, compreendidas aí também as matemáticas e a(s) lógica(s). E se, como foi dito acima, uma das acepções mais antigas da ética é a de ser casa, lar, modo de vida e habitação, então essa morada tornou-se o espaço para um encontro problemático entre duas potências determinantes dos rumos da existência humana: por um lado, o desenvolvimento do saber científico, com seus métodos e procedimentos de produção e validação da verdade, e, por outro lado, os valores éticos e morais que constituem as principais referências para a orientação do pensamento e da ação de homens e mulheres em nossas sociedades.

Pois, nos dias de hoje, o vértice principal pelo qual olhamos o mundo é principalmente determinado pela ciência e pela técnica. De modo mais exato, podemos dizer que nossa cosmovisão delineia-se a partir da ótica da física, da química, da biologia, especialmente molecular; da genética, das neurociências, dos estudos de inteligência artificial, da robótica, da cibernética e da nanotecnologia. Essa constelação produz uma figura que sugere a efetiva realização da sonhada supremacia humana sobre as demais criaturas do universo – ainda que o humano tenha hoje que dividir o espaço com suas próprias criaturas, com as máquinas inteligentes, ou espirituais, que ameaçam destroná-lo.

Levando em consideração esse horizonte histórico, o que o livro de Hans Jonas, acima citado, *O princípio responsabilidade*, nos traz novamente à lembrança é primeiramente que, na Antiguidade, o cosmos e a natureza constituíam um domínio invulnerável às intervenções sacrílegas e às impertinências da *hybris* humana, uma ordem imutável, que é também o pano de fundo sobre o qual se destacam os empreendimentos e façanhas dos mortais.

> A vida humana transcorria entre o permanente e o mutável: o permanente da natureza, e o mutável de suas próprias obras. A maior de todas elas foi a cidade, à qual pôde outorgar certa permanência, com as leis que para ela ideou e se propôs a respeitar. Mas essa duração artificialmente conseguida carece de garantia de longo prazo [...]. Em qualquer caso, esta cidadela criada pelo homem, claramente separada do resto das coisas, e confiada à sua custódia, constituía o complexo e único domínio pelo qual ele devia responder. A natureza não era objeto da responsabilidade humana; ela cuidava de si mesma, e cuidava também, com a persuasão e o acosso pertinentes, do homem. Frente à natureza não se fazia uso da ética, mas da inteligência e da capacidade de invenção. Mas na "cidade", no artefato social onde os homens se relacionam com os homens, a inteligência tem de ser ligada à moralidade, pois esta é a alma da existência humana. Toda a ética que nos foi transmitida habita, portanto, esse marco intra-humano, e se ajusta às medidas da ação condicionadas por ele[10].

Em nossos dias esse cenário alterou-se de maneira substancial em virtude de uma mutação que modifica o cenário tanto do lado das ciências como do lado da ética, e que constitui justamente o novo objeto de interesse filosófico, ético e político. Pois a alteração transtorna de modo radical tanto o

---

10 JONAS, H. *Das Prinzip Verantwortung* – Versuch einer Ethik für die technologische Zivilisation. Frankfurt a. M.: Suhrkamp, 1984, p. 20 [Trad. bras.: *O princípio responsabilidade* – Ensaio de uma ética para a civilização tecnológica. Rio de Janeiro: Contraponto/Ed. PUC-Rio, 2006 [Trad. Marijane Lisboa e Luiz Barros Montez]].

entendimento da ética quanto a posição da natureza em relação à cidade dos homens, tornando imperioso tanto retomar os traços essenciais da tradição quanto tentar esboçar um quadro geral das modificações epocais no cenário das novas relações entre ética, ciência e política na era da globalização.

Desde logo, cumpre insistir sobre o vínculo estreito entre a ética e a esfera da existência humana da *praxis*, porque essa vinculação exige que a vontade humana seja levada em consideração de um modo que esteja à altura da importância desse conceito, pois usos, costumes, normas de conduta e formas de vida, critérios e padrões de julgamento são, antes de tudo, princípios de *determinação da vontade* com vistas ao agir, parâmetros para juízos de apreciação de nossas intenções e ações. São referências para a vontade, que incorporam valores como bem e mal, certo e errado, permitido e proibido, vício e virtude, meritório e condenável, louvável e censurável, e que fornecem a base para estimativas a partir das quais as pessoas e seus comportamentos são avaliados e julgados, aprovados ou censurados.

E isso vale tanto em foro íntimo, no plano autorreflexivo dos indivíduos, quanto na esfera das relações externas dos indivíduos entre si, em sua vida civil, desdobrada nas vertentes da ética pública, do direito e da política. Uma vez que mantém sempre uma relação com noções de bem e mal, bem como em virtude de sua dimensão normativa, a ética mantém estreitos e originários vínculos com a espiritualidade religiosa, com a esfera sociocultural do sagrado, embora não se identifique com ela.

Como demonstra convincentemente Hans Jonas, na origem de nossa cultura a ética estava firmemente inserida na *polis*, circunscrita a ela – e não se aplicando à *physis*, à natureza, ao âmbito daquilo que cresce a partir de si mesmo. Ética e moral pertencem à esfera do *nomos* – termo que na recepção da filosofia grega pelos filósofos e juristas romanos foi traduzido por *Lex* – donde provém nossa palavra lei, com sua remissão à justiça, ao direito, à normatividade e ao ordenamento jurídico-político. Ora, estes são elementos essenciais da cidade, da constituição, estando sempre vinculados ao homem, de um ou de outro modo referidos a ele.

Graças a esse antropocentrismo, o humanismo enxertou-se visceralmente em todos os sistemas éticos legados pela tradição histórica do Ocidente. Os sistemas éticos tradicionais são essencialmente antropocêntricos e humanistas, e é exatamente esta característica que chega a seus limites e mostra dar sinais de esgotamento com a persistente crise da razão e dos valores que abala os fundamentos de nossas sociedades "pós-modernas".

O humanismo antropocêntrico dos sistemas éticos tradicionais foi criticado por Heidegger, que detectou suas origens nos primórdios da história da metafísica, do mesmo modo que diagnosticou sua crise aguda na sociedade contemporânea em virtude de uma transformação decisiva e irreversível no panorama cultural da ciência e da técnica modernas. Essa crise assume, em nossos dias, a forma traumática do choque e da ameaça catastrófica: o desenvolvimento autonomizado das ciências e das técnicas – produtos da racionalidade humana cuja finalidade era assegurar o domínio humano sobre a natureza interna e externa, de modo a colocar a serviço de seus interesses todas as forças e recursos naturais – exibe, em toda sua virulência, um imenso potencial destrutivo, estreitamente imbricado com seus produtos mais sofisticados, racionalmente elaborados.

A Modernidade descobriu que saber é poder, e que obedecer a natureza é o caminho mais eficaz para dominá-la, de acordo com a fórmula cunhada por Francis Bacon, pois que dessa obediência extraímos um gênero de conhecimento que gera a capacidade de forçar a natureza a responder as perguntas que nós formulamos e dirigimos imperiosamente a ela. Esta é a crença básica do Esclarecimento: o feliz consórcio entre o sadio entendimento humano e a verdadeira natureza das coisas; expressão, portanto, de um otimismo triunfalista, de acordo com o qual o intelecto humano, emancipado de toda vassalagem e tutela, confiante no progresso das Luzes, coloca-se em condições de enfrentar e resolver com sucesso os mais importantes problemas humanos: garantir seu domínio sobre as forças da natureza e realizar a justiça nas relações entre os homens.

Assim, o progresso do gênero humano seria o resultado de uma combinação inseparável entre, por um lado, o desenvolvimento do conhecimento científico com a consequente apropriação técnico-pragmática da natureza e, por outro lado, sua utilização em benefício da dimensão ético-moral da humanidade, sendo esta compreendida em referência essencial a valores e normas. Essas duas vertentes, que originalmente confluíam, parecem colocar-se hoje drasticamente em oposição. Asseverando a crença do Iluminismo, temos a impressão de poder tomar nas próprias mãos a planificação e o controle integral das condições de nossa existência no Planeta Terra. E, no entanto, como o anverso dessa face luminosa, somos hoje confrontados, a partir do ápice de uma plena autodeterminação aparentemente conquistada, com dilemas éticos de difícil resolução, que colocam em xeque nossa própria autocompreensão e que nos foram legados justamente pelo progresso das ciências, a fonte das esperanças.

Por causa disso, a pergunta pelo futuro do humano não pode prescindir, em nossos dias, de uma reflexão aprofundada sobre as consequências éticas, sociais, políticas e culturais geradas pelo desenvolvimento das ciências e das tecnologias. Uma vez que o desenvolvimento produziu não apenas uma alteração substancial de nossa cosmovisão, mas também uma mudança radical na autocompreensão ética da espécie humana, parece que se apresenta hoje a necessidade de repensar limites éticos para evitar as consequências potencialmente catastróficas do desenvolvimento técnico-científico – que inclui tanto o desastre ecológico, a desertificação do planeta quanto o apocalipse nuclear, a clonagem humana pela engenharia genética, e o hibridismo trans-humanista do *homo roboticus*.

Este é, portanto, o cenário do aprofundamento de uma crise que colocou sob suspeita a utopia humanista e as éticas tradicionais. Porém, não se pode dizer que esse panorama seja inteiramente uma novidade, pois, como já fora detectado pelas análises de Jean-François Lyotard a respeito do esgotamento do projeto moderno, desde seu início a deslegitimação se abrigava, como força propulsora, no coração da modernidade cultural:

> Quem pode dizer se Cristo é o Filho de Deus, ou um impostor? Seu Pai o abandonou. O martírio de Jesus recebeu seu equivalente político na execução de Luís XVI, soberano legítimo. Qual será a fonte de legitimidade na história moderna a partir de 1792? Dizemos: o povo. Mas o povo é uma ideia, e em torno dessa ideia há disputas, combates. Trata-se de saber qual é a boa ideia de povo, e trata-se de fazê-la prevalecer. Daí a extensão das guerras civis nos séculos XIX e XX, e o fato certo de que a guerra moderna entre nações é sempre ainda uma guerra civil: "eu, governo do povo, questiono a legitimidade de teu governo". Em Auschwitz foi destruído fisicamente um soberano moderno: todo um povo foi destruído. Houve a intenção, fez-se o ensaio de destruí-lo. Trata-se do crime que abre a Pós-modernidade, crime de lesa-soberania, não mais regicídio, mas populicídio (algo diferente dos etnocídios). Nessas condições, como podem continuar sendo críveis as grandes narrativas de legitimação?[11]

Para Lyotard, o panorama das sociedades hipertecnológicas demonstra que o triunfo da tecnociência capitalista sobre os demais candidatos à finalidade universal da história humana é também outra maneira de destruição do proje-

---

11 LYOTARD, J.-F. *La posmodernidad (explicada a los niños)*. Barcelona: Gedisa, 1996, p. 29-32.

to de modernidade; uma maneira de destruição paradoxal, pois se efetiva sob a simulação de sua realização integral. A dominação por parte do sujeito sobre os objetos produzidos pelas ciências e tecnologias contemporâneas não vem acompanhada de uma liberdade maior do próprio sujeito, mas, pelo contrário, por fenômenos de sujeição e compulsão.

Com base nesses elementos, Lyotard constata o esgotamento da força legitimatória das metanarrativas históricas, comprometidas com a emancipação humana: se, por um lado, a Pós-modernidade é, para ele, ao mesmo tempo, o fim dessas representações românticas do homem (ou do povo) como soberano da história, ela é também, por outro lado, o princípio de uma superação da condição humana representada nessas narrativas. Nesse sentido, a tecnociência atual realiza o projeto moderno: o homem se converte em amo e senhor da natureza. Mas, ao mesmo tempo, a desestabiliza profundamente, pois o coloca na posição de objeto. E isso porque sob a rubrica de "natureza" é preciso contar também, hoje em dia, todos os constituintes do sujeito humano: seu sistema nervoso, seu código genético, seu *computer* cortical, seus captadores visuais, auditivos, seus sistemas de comunicação, especialmente os linguísticos, e suas organizações de vida em grupo etc.[12]

Um conceito cunhado por Heidegger auxilia no esclarecimento desse processo de encavalamento entre sujeito e objeto, que apaga as antigas fronteiras e os coloca num sombrio limiar de indiferenciação. Por meio do conceito

---

12 Cf. ibid.

de armação (*Gestell*), Heidegger se esforça por trazer à luz a essência da força que vigora em nossa época histórica: o termo denota a forma, a essência, a ideia (*eidos*) e o modo de aparecimento assumido por todos os entes, inclusive o homem, no mundo contemporâneo, cuja força propulsora é desenvolvimento tecnocientífico. Trata-se de um enquadramento do mundo numa dinâmica em que todos os entes existentes só podem figurar sob o signo da produtividade, da necessidade e da utilidade.

Num mundo cujo enquadramento é a armação, nenhuma entidade repousa mais numa essência que lhe seja própria, mas todos os entes são reduzidos ao denominador comum de elemento aproveitável, parcela utilizável num processo de produção, dirigido por uma racionalidade logística, de tipo instrumental, onde cada fração subsiste apenas como elo na correia de transmissão para uma fase ulterior do processo produtivo, cujos produtos são disponibilizados para um consumo incessante em espiral crescente, gerando a necessidade constringente de serem compulsoriamente repostos.

A ciência e a técnica são as forças que põem e instalam a natureza nessa moldura – que inclui os seres humanos – onde tudo tornou-se parcela calculável de uma cadeia de produção e desgaste em escala universal. No contexto de sua filosofia da técnica moderna, Heidegger multiplica exemplos: o ar é posto para o fornecimento de nitrogênio, o solo para fornecimento de minérios, o minério para o fornecimento de urânio, este para a produção de energia atômica, que pode ser associada ao emprego pacífico ou à destruição, sob a forma da usina atômica ou da bomba do mesmo nome.

Esse desenvolvimento suscita o espectro da devastação do planeta, levada a efeito pelo que Heidegger denominou *Machenschaft* (fabricação, produtividade), uma figura da vontade de poder em cujo horizonte todos os entes intramundanos foram transformados em parcelas e variáveis de cálculo, elementos que integram um campo de objetivação no qual a natureza é disponibilizada como fundo de reserva de energias, fundo a ser mobilizado num processo reiterativo de extração, exploração, armazenamento, estocagem, disponibilização para consumo, comutação, aproveitamento e desgaste, supostamente organizado e dirigido pela racionalidade do *homo faber*.

A fúria devastadora da maquinação é alimentada pela ilusão antropocêntrica de que a ciência e a técnica são, no fundo e essencialmente, apenas instrumentos de potencialização da capacidade produtiva do homem, e que, portanto, em princípio, estariam colocadas sob a égide e o controle de sua deliberação racional, na forma dos dispositivos jurídicos e políticos de organização das forças produtivas. O problema é que a crise ecológica que desertifica o Planeta Terra demonstra também que a necessidade de atualização incessante do potencial tecnológico acumulado faz colapsar as possibilidades de controle racional, já que essa dinâmica evolutiva se realiza às custas da intensificação da exploração de recursos finitos, uma exigência que se impõe com férrea necessidade e que demonstra força suficiente para colonizar e colocar sob seu jugo todas as formas até hoje conhecidas de organização ético-jurídico-política das sociedades.

Nesse cenário, inauditos são os desafios colocados à reflexão ética de nossos dias. Até hoje, nossas dificuldades e incertezas diziam respeito sobretudo a problemas de fundamentação de juízos morais. As posições se diferenciavam, no debate ético, conforme os pensadores se perfilassem em consonância com as éticas da virtude ou do caráter, da intenção ou da consequência, do utilitarismo, do eudemonismo ou do rigoroso formalismo, dos projetos éticos universais ou dos particularismos vinculados às tradições étnicas ou históricas.

Para a filosofia voltada para o futuro, os dilemas éticos assumem novas proporções e podem ser divisados no espaço aberto entre as opções pela superação tecnológica do humano, e o apelo preservacionista à responsabilidade de que a heurística do medo, tal como defendida por Hans Jonas, constitui uma tentativa precursora e um modelo. Comum a ambos os termos da alternativa é uma representação apocalíptica da história da humanidade: enquanto numa vertente o fim da história se realiza na forma da superação do humano no trans-humanismo e no pós-humano, na outra vertente a aposta em jogo é a responsabilidade humana pela iminente catástrofe ecológica.

A via da superação do humano pode ser ilustrada tanto pelo pós-modernismo de Jean-François Lyotard quanto pelo trans-humanismo do Movimento The Extropy, por exemplo, que preconiza a hibridização entre homem e máquina, carne e silício, levada a efeito sobre a base da ação conjunta da engenharia genética, da nanotecnologia e dos estudos de robótica e inteligência artificial. Vivemos o limiar de uma utopia que transcende os limites da ontologia tradicional, e mesmo da fisiologia e da medicina, em cujos marcos e limites, tanto físicos quanto culturais, o ser humano até hoje se autocompreendeu.

Estas são algumas das novas coordenadas da ética e da política na era da escalada planetária – sim, já hoje potencialmente intergaláctica – do desenvolvimento técnico e científico. E isso a tal ponto que o termo pós-humano figura como substituto de seu antecessor, o "pós-moderno", hoje ultrapassado e desgastado em seu poder de impacto, exigindo reposição por palavras que não tenham exaurido seu potencial heurístico na atual discussão sobre os rumos futuros da ética.

Insere-se também no contexto dessas coordenadas uma projetada reconfiguração da consciência, que seria liberada de seu centramento na unidade subjetiva atrelada aos cinco sentidos, com a qual deixaria de se identificar. A proposta repaginação da consciência a conectaria em redes neurais, em ligação com miríades de centros virtuais de registro e processamento de informações. A expectativa das engenharias reversas é que possamos reconstituir os princípios de operação do corpo e do cérebro humanos, para, logo em seguida, trabalhar na prospecção de sistemas muito superiores a eles em termos de capacidade operacional, construindo inteligências artificiais imunes a panes, doenças e envelhecimento.

Uma vez consolidada a informática e a cibernética, escreve Ray Kurzweil, "o próximo passo inevitável é a fusão da espécie que inventa tecnologia com a tecnologia computacional que iniciou sua criação. Nesse estágio de evolução da inteligência no planeta, os computadores são eles mesmos baseados, pelo menos em parte, sobre *designs* de cérebros (i. é, órgãos computacionais) da espécie que originalmente os criou, e, em retorno, os computadores serão incorporados e integrados nos corpos e mentes daquela espécie. Região por região, o cérebro e o sistema nervoso daquela espécie são levados para a tecnologia computacional, que por fim substitui aqueles órgãos processadores de informação. Todo tipo de questões práticas e éticas retardam o processo, mas não podem detê-lo. A lei das mudanças aceleradas prediz uma fusão completa da espécie com a tecnologia que ela originalmente criou"[13].

Para Kurzweil até mesmo a imortalidade já se encontra equacionada em nossas linhas de pesquisa, podendo-se até mesmo dizer que já estamos na fase dos testes laboratoriais nesse campo. Antecipando os avanços que serão conquistados por volta do ano 2099, o teórico do trans-humanismo prognostica um cenário, para ele mais do que provável, do que será o futuro do humano nas próximas décadas.

Haverá, segundo o filósofo a quem seus principais adversários e críticos reconhecem um índice de acerto, em termos de previsões teóricas, da ordem de 75%:

---

[13] KURZWEIL, R. *The Age of the Spiritual Machines* – When Computer Exceeds the Human Intelligence. Nova York: Penguin Books, 1999, p. 192.

uma forte tendência a fundir o pensamento humano com o mundo das máquinas inteligentes que a espécie humana inicialmente criou. Não há mais nenhuma distinção clara entre humanos e computadores. A maioria das entidades conscientes não tem uma presença física permanente. Inteligências baseadas em máquinas derivadas de modelos estendidos de inteligência humana exigem ser humanas, ainda que seus cérebros não sejam lastreados em processos celulares baseados em carbono, mas antes em equivalentes eletrônicos ou fotônicos. A maioria dessas inteligências não está ligada a uma específica unidade computacional de processamento. O número de humanos baseados em software excede largamente aquele dos que ainda usam a computação nativa baseada em células neuronais. Mesmo entre aquelas inteligências humanas que ainda utilizam neurônios baseados em carbono, há um uso ubíquo de tecnologia de implante neural, que proporciona enorme aumento das habilidades humanas perceptuais e cognitivas. Humanos que não utilizam tais implantes são incapazes de participar, com pleno sentido, em diálogos com aqueles que o fazem. Porque a maior parte das informações é publicada com emprego de protocolos padronizados de conhecimento assimilado, as informações podem ser instantaneamente compreendidas[14].

Ora, sabemos que mesmo as tecnologias de extrema sofisticação e aparentemente miraculosas não existem num vácuo histórico, econômico, social e político. Elas são inven-

---

14 Ibid., p. 212.

tadas, configuradas e selecionadas para servir a determinados interesses e visões de mundo historicamente situados. Existe enorme quantidade de trabalho humano investido e alienado na criação de máquinas inteligentes, supostamente autônomas.

Há contingentes imensos de pessoas que criam e disponibilizam *big data* para empresários, conglomerados, complexas organizações multilaterais e seus respectivos governos, nacionais e transnacionais, que são dirigidos por interesses concretos e gerem investimentos de capital – com o consequente imperativo da produtividade, racionalização de custos e geração de lucro. Nesse sentido, caberia perguntar se as máquinas de inteligência artificial, presumivelmente autônomas, não poderiam se tornar a figura contemporânea da reificação e da plutocracia.

Numa publicação recente intitulada *Fantastic Voyage: Live Long Enough to Live Forever* (Nova York: Penguin, 2004), Ray Kurzweil e Terry Grossmann chegam a considerar, em regime de exceção, aspectos de suas posições teóricas que não são de caráter exclusivamente tecnológico. Nesse sentido, admitem que, ao fazer testes genéticos, é importante lembrar que, para a maior parte dos genes testados, estes expressam apenas tendências de futuros cursos de acontecimentos. Influências como aquelas resultantes dos diferentes contextos, como o mundo da vida, as escolhas de estilos de vida, têm muito maior determinação sobre aquilo que acontece, ou até mesmo sobre o modo como os genes adquirem determinada forma de expressão.

Em correspondência com esse entendimento, admitem também que fatores puramente genéticos, como por exemplo o polimorfismo de nucleotídeo simples[15], podem ser benéficos para algumas pessoas em determinadas condições, mas também consideravelmente prejudiciais sob condições diferentes, o que torna patente a poderosa influência do meio físico e sócio-histórico-cultural sobre os processos biológicos dos seres humanos. Diagnósticos genéticos indicam tendências, para as quais as terapias capazes de alterá-las encontram-se ainda em estágio embrionário.

A consciência dessa limitação, porém, não leva esses autores muito mais longe do que até a otimista expectativa de que muito em breve o conglomerado formado por nanotecnologia e inteligência artificial estará em condições de corrigir e eliminar danos e "erros" evolucionários que atualmente afetam nossos corpos, curando doenças letais que são hoje consideradas irreversíveis.

O problema ligado ao peso específico de fatores culturais, históricos, econômicos, sociais, psicológicos e políticos sobre o campo de fenômenos recoberto pela expressão inteligência artificial, bem como a ontologia subjacente a seu universo conceitual, está muito longe de ter sido sequer entrevisto, quanto mais consistentemente formulado. Quanto ao elemento religioso, é necessário constatar que, em sua grande maioria, os principais estudiosos de inteligência artificial caracterizam-se pela mentalidade secular e ateísta,

---

15 Single Nucleotide Polymorphism (SNP), uma variação na sequência do DNA.

assim como por uma predominante ou quase hegemônica orientação política pelo liberal-capitalismo.

A despeito disso, suas teorias parecem orbitar em torno de um mesmo eixo teológico, e revisitar os mesmos arquivos ancestrais do imaginário religioso e mágico. Nelas podemos discernir traços característicos das utopias milenaristas e apocalípticas que idealizam uma nova era de prosperidade, felicidade, segurança e paz. Delas faz parte a escatologia leiga professada por Kurzweil, por exemplo, para quem, na era de n. 6 do desenvolvimento histórico que levará ao *homo roboticus*, miríades de *nanobots* equipados com programas de software inteligentes, funcionando como tentáculos exploradores, partirão da Terra em missão de ceifa e de colheita, com o propósito de transmutar todo material aproveitável, encontrado em planetas e asteroides vizinhos, numa entidade denominada por ele de *computronium*, isto é, em matéria e energia organizada de maneira otimizada para dar garantia e suporte para a computação inteligente.

Para os profetas da singularidade, não existe mais nenhum *limite fundamental* atuando como barreira: nenhuma lei física proibindo partículas de serem organizadas de modo a performar computações bem mais avançadas do que aquelas que são possíveis para os arranjos de partículas que compõem o cérebro humano. O que significa que, para eles, deixou também de ter sentido a diferença epistemológica entre ser e dever-ser, e que desapareceu o abismo entre fato e valor, natureza e normatividade.

Se com Copérnico, Galileu, Darwin e Freud ao homem foi impingida uma dolorosa ferida narcísica, em virtude da qual foi destruída sua autocompreensão tradicional como um ente feito à gloriosa imagem e semelhança de Deus, que habita o centro do universo – e isso de modo tal que sua identidade firmada na unidade simples da consciência (*ego cogito, ergo sum*), a saber, sua essência pensada como alma, intelecto ou razão, dissolveu-se numa subjetividade descentrada, na qual o *Ego* deixa de ser senhor de sua própria casa –, o biólogo Richard Dawkins assesta hoje em dia um golpe de misericórdia na tradição ética antropocêntrica, desfazendo inteiramente a ilusão de autarquia do sujeito e da consciência na dinâmica do processo evolutivo. O ser humano é apenas um dos elos da cadeia evolutiva da vida em nosso planeta. E mesmo a história, essa fabulosa aventura de autoconstituição do ser humano por meio da cultura, parece hoje ser dirigida por potências que ultrapassam a capacidade humana de controle, planejamento e deliberação racional.

No livro *O gene egoísta*, Richard Dawkins sustenta uma tese biológica de fundo, de acordo com a qual toda a vida evolui pela sobrevivência diferencial de entidades replicadoras, das quais a que nos é mais bem conhecida é a molécula de DNA – a entidade replicadora mais comum em nosso Planeta Terra. E se os genes são as entidades responsáveis pela constituição biológica e pelo desenvolvimento da espécie humana, a ciência descobriu recentemente um correspondente cultural do DNA, ao qual Dawkins deu o nome de meme.

Acho que um novo tipo de replicador recentemente surgiu neste próprio planeta. Ele está nos encarando de frente. Ainda está em sua infância, vagueando desajeitadamente num caldo primordial, mas já está conseguindo uma mudança evolutiva a uma velocidade que deixa o velho gene muito atrás. O novo caldo é o caldo da cultura humana. Precisamos de um nome para o novo replicador, um substantivo que transmita a ideia de uma unidade de transmissão cultural, ou uma unidade de *imitação*. "Mimeme" provém de uma raiz grega adequada, mas quero um monossílabo que soe um pouco como "gene". Espero que meus amigos helenistas me perdoem se eu abreviar mimeme para *meme*. Se servir como consolo, pode-se, alternativamente, pensar que a palavra está relacionada à "memória", ou à palavra francesa *même*. Exemplos de memes são melodias, ideias, *slogans*, modas do vestuário, maneiras de fazer potes ou construir arcos[16].

Memes são, portanto, entidades autorreplicadoras implantadas no *design* adquirido pelo cérebro humano ao longo dos últimos milênios da evolução do planeta, e são as entidades responsáveis pelo desenvolvimento da cultura, ao se replicarem, no processo de transmissão do legado histórico-cultural. Assim como os genes, os memes habitam e ocupam o corpo humano, sendo nosso cérebro um hospedeiro de memes, assim como nossas células germinativas são as hospedeiras dos genes (DNA). Memes são unidades de

---

16 DAWKINS, R. *The Selfish Gene*. Oxford: Oxford University Press, 1976, p. 171s.

transmissão cultural, que se reproduzem por imitação. Eles podem assumir a forma de ideias, como as teorias científicas, as ideologias, os valores éticos e morais, as formas de culto e práticas religiosas, de objetos técnicos (como as máquinas em geral, os computadores e celulares), hábitos, usos e costumes, normas, ferramentas, obras de arte, formas de vida, enfim entidades que podem ser subsumidas sob o amplo conceito de bens culturais.

Tendo em vista a infinita riqueza e variedade (para o bem e para o mal) dos memes que se instalam em nossos cérebros e modelam nossas vidas, o filósofo norte-americano Daniel Dennett, se pergunta por seu significado existencial e filosófico. Dennett considera que os artefatos produzidos pelas recentes tecnologias "de ponta", alguns deles já existentes, outros ainda em desenvolvimento, configuram competências tão amplamente superiores a qualquer aptidão humana, a ponto de poderem usurpar nossa autoridade como *experts* em matéria de cultura e história, "uma autoridade que tem sido inquestionada desde o início da idade do *design* inteligente"[17].

Aparelhos tecnológicos produzidos pela engenharia humana prometem benefícios tão superlativos em relação aos recursos de nosso intelecto que doravante, segundo Dennett, será inevitável a pergunta pela sobrevivência de modos de vida e pensamento tão dispendiosos como nossas práticas tradicionais de compreensão. Com efeito, para que

---

17 DENETT, D. *From Bacteria to Bach and Back*: The Evolution of Minds. Londres: Penguin Books, 2017, p. 400.

ainda manter nossos modelos de explicação e compreensão historicamente herdados, se podemos ser beneficiários de artefatos que são superpoderosos processadores de dados e informações, e que nos liberam e poupam de todo esforço e desgaste?

Preocupado com o problema da evolução da cultura, a partir das condições do progresso técnico e científico de nossos dias, Dennett credencia a Teoria dos Memes, de Richard Dawkins, como um indicador importante nessa direção:

> A Teoria dos Memes, de Dawkins, tal como esboçada brevemente em um único capítulo de *The Selfish Gene* (1976, cf. tb. DAWKINS, 1993), dificilmente é uma teoria, especialmente em comparação com os modelos de evolução cultural desenvolvidos por outros biólogos, como Cavalli-Sforza e Feldman (1981), Lumsden e Wilson (1981), e Boyd e Richerson (1985). Ao contrário desses outros, Dawkins não oferece nenhum desenvolvimento formal, nenhum modelo matemático, nenhuma previsão quantitativa, nenhuma pesquisa sistemática de achados empíricos relevantes. Mas Dawkins apresenta uma ideia que é ignorada por todos os outros, e é, eu acho, uma ideia muito importante. É a chave para entender como não podemos ser apenas guardiões e transmissores de cultura, mas entidades culturais nós mesmos – ao longo de todo o caminho[18].

---

18 DENNETT, D. *Memes*: Myths, Misunderstandings and Misgivings [Disponível em https://ase.tufts.edu/cogstud/dennett/papers/MEMEMYTH.FIN.htm].

E se somos nós mesmos entidades culturais, ou seja, se nossos cérebros foram configurados, em sua forma atual, ao longo de eônios de evolução como um *design* que é capaz de produzir e reproduzir memes, então nós estamos colocados na condição de hospedeiros de entidades culturais autorreplicadoras, *memes*, que determinam nossa evolução cultural assim como seu correspondente bioquímico – os genes – são elementos determinantes de nossa evolução biológica. Isso, no entanto, não nos torna – pelo menos não necessariamente, de acordo com Dennett – escravos dos memes que são armazenados e modificados no *design* cerebral de nosso sistema nervoso.

> Uma das fontes mais persistentes de desconforto sobre os memes é a receosa suspeita de que uma explicação das mentes humanas em termos de cérebro que está sendo parasitado pelos memes minará as preciosas tradições da criatividade humana. Pelo contrário, penso que é claro que *somente* uma explicação de criatividade em termos de memes tem muitas possibilidades de nos dar qualquer maneira de nos identificar com os produtos de nossas próprias mentes. Nós, seres humanos, secretamos outros produtos diariamente, mas depois da infância, de qualquer forma, não tendemos a ver nossas fezes com o orgulho de um autor ou artista. Estas são meros subprodutos biológicos, e embora tenham sua própria individualidade modesta e idiossincrasia, não são nada que apreciamos. Como podemos justificar a visualização das secreções de nossos cérebros infectados com mais orgulho? Porque *nos identificamos* com algum subconjunto dos memes que

abrigamos. Por quê? Porque entre os memes que abrigamos estão aqueles que colocam um prêmio na identificação com apenas um subconjunto de memes! Faltando a essa atitude de meme, seríamos meros *loci* de interação, mas nós temos tais memes – isso é quem somos[19].

Enquanto a reflexão de Daniel Dennett recoloca, em termos de profundidade, urgência e densidade filosófica, a crucial questão a respeito de "quem somos?", as fantasias de futurismo adquirem um teor de plausibilidade que leva à consternação, em face do *framework* ideológico de um desmedido imaginário futurista, que se desenha como a distopia atual. Esse é o imaginário que serve de moldura para as previsões de Sir Arthur C. Clarke[20]. Naquelas que são projetadas para 2025, Clarke antecipa que as pesquisas neurológicas finalmente terão êxito na compreensão integral de todos os sentidos humanos e seus órgãos especiais, de modo que impulsos eletroquímicos poderão ser obtidos diretamente das tecnologias, superando ouvidos, olhos, pele etc. O resultado de tais pesquisas dará origem a um aparelho de metal denominado *Braincap* (capacete cerebral). Qualquer pessoa, vestindo esse capacete, pode ingressar num universo inteiro de experiências sensíveis, reais ou imaginárias; o mesmo equipamento será um *boom* para os médicos e terapeutas, que poderão realizar experiências controladas com os sintomas de seus pacientes (em situações adequadamente atenuadas).

---

19 Ibid.
20 Cf. arthurcclarke.net • *Sir Arthur C. Clarke's Predictions*. Beyond 2001. • *Reader's Digest*, fev./2001.

O *Universal Replicator*, baseado em nanotecnologia, estará concluído em 2040; graças a esse aparelho será possível recriar qualquer objeto, independentemente de sua complexidade, uma vez dadas as necessárias condições de matéria-prima. Diamantes ou refeições de alta culinária poderão ser produzidos literalmente a partir de refugo. Como resultado disso, a agricultura e a indústria serão poderosamente incrementadas e desenvolvidas, haverá uma explosão nas artes, nos entretenimentos e na educação. Sociedades de caçadores e coletores (*Huntergathere societies*) serão deliberadamente criadas com imensas áreas do Planeta Terra, podendo ser revertidas aos respectivos estados naturais. Traços peculiares da mentalidade mágica adquirem, nesse contexto, uma expressão inequívoca.

Em 2045, toda demanda adicional de carbono, necessária para a realização de sínteses químicas para a produção de alimentos, será suprida pela extração de dióxido de carbono da atmosfera. Planejamentos urbanos resolverão os problemas habitacionais e urbanísticos. Milhões de pessoas nascidas a partir de 2050 poderão se decidir pelo uso de suspensão criônica (*cryonic suspension*) para emigrar para o futuro, em busca de aventura.

Não há como deixar de entreouvir nessas palavras um eco do quiliasmo ancestral, que Santo Agostinho já expressava nos termos seguintes:

> Neste momento o mundo enfrenta o sofrimento, como que num lagar. Se fores baganha, vais para o esgoto; se fores azeite, ficas na talha. Forçoso é que haja aflições. Olhai para a baganha e

> olhai para o azeite. Por vezes surgem no mundo sofrimentos, como a fome, a guerra, a penúria, a carestia, a escassez de bens, a mortandade, os roubos, a avareza. São estes os sofrimentos dos pobres, as tribulações das cidades; e nós vemos estas coisas. Foi anunciado que elas sucederiam e nós vemo-las suceder[21].

A filosofia de Hans Jonas, com a qual esta reflexão dialoga de maneira privilegiada, ilustra justamente a vertente alternativa acima referida – ou seja, aquela que vislumbra a possibilidade de uma recuperação da *phronesis* (prudência) aristotélica como *autarqueia* (domínio de si) por meio de uma heurística do medo. A imbricação entre o poder alcançado pela tecnologia moderna e seu potencial de destruição das condições de existência humana no Planeta Terra constitui um motivo mais do que suficiente para o fundado temor diante das perspectivas catastróficas do desenvolvimento tecnológico – não, porém, de um temor que paralisa, mas que induz e compele à reflexão e à moderação.

O enorme desenvolvimento da técnica moderna veio alterar totalmente o antigo panorama e engendrar novas tarefas e desafios para as éticas herdadas da tradição, inclusive, e sobretudo, para o problema crucial da sustentabilidade. Pois a tecnologia recente investe as ações humanas de uma ordem de grandeza completamente *sui generis*, dotando-as, além disso, de novos recursos até então inimagináveis, gerando consequências tais que ultrapassam largamente, em

---

[21] SANTO AGOSTINHO. "Sermo Denis XXIV". In: *O De excidio Verbis e outros sermões sobre a queda de Roma*. Coimbra: Centro de Estudos Clássicos e Humanísticos, 2010, p. 127 [Trad. Carlota Miranda Urbano].

urgência e magnitude, as fronteiras e limitações do pensamento ético anterior a seu advento. No *Princípio responsabilidade*, de Hans Jonas, encontramos uma demolidora crítica da utopia irresponsável.

> O potencial apocalíptico da técnica – sua capacidade de pôr em perigo a sobrevivência do gênero humano ou corromper sua integridade genética, ou alterá-la discricionariamente, ou até mesmo destruir as condições de uma vida mais elevada sobre a Terra – coloca a questão metafísica, com a qual a ética nunca fora antes confrontada, qual seja: se e por que deve haver uma humanidade; por que, portanto, o homem deve ser mantido tal como a evolução o produziu; por que deve ser respeitada sua herança genética; sim, por que, em geral, deve haver vida[22].

A razão pela qual a autoafirmação da vida deve ter caráter normativo para o homem é o poder alcançado pelo homem com a moderna ciência e tecnologia. Esse poder é a raiz do dever de reconhecer à natureza *um direito próprio*. Trata-se de uma ética da responsabilidade que consiste em preservar um ser portador de valor intrínseco, que pode ser efetivamente destruído pelo poder tecnológico do homem (cf. citação anterior).

Do ponto de vista de sua fundamentação ontológica, o projeto ético de Hans Jonas transita, porém, por um caminho que retroage ao veto kantiano para a passagem do ser ao

---

[22] JONAS, H. "Por que a técnica moderna é um objeto para a ética" [Trad. Oswaldo Giacoia Junior]. In: *Revista Natureza Humana*, vol. 1, n. 2, 1999, p. 414. São Paulo: Educ.

dever; um caminho, porém, que Jonas pretende, no entanto, ter assegurado filosoficamente. Jonas propõe justamente uma fundamentação do dever a partir do ser, numa trajetória que vai do fato ao valor, ampliando o horizonte ético de modo suficiente para nele incluir a responsabilidade tanto por futuras e remotas gerações de seres humanos (portanto, de *seres que ainda não existem*) quanto pelos suportes e recursos ecológicos e ambientais da vida na Terra, acolhendo, portanto, também seres não humanos. Jonas reclama um *direito próprio da natureza*, capaz de reunir "o bem humano com a causa da vida em sua totalidade, ao invés de contrapor, de maneira hostil"[23], esses interesses e a causa da vida em geral, conferindo, então, à vida extra-humana o seu direito em nome próprio.

A heurística do temor tem em vista que a realização da utopia iluminista de Francis Bacon – sob a égide da identificação entre saber e poder, ciência e domínio técnico sobre as forças da natureza – conduz, com efeito, a uma dinâmica de sucesso e a uma desmesura, em termos de produção e consumo, que, desenvolvendo-se com uma dinâmica própria, subtraída ao controle ético e jurídico-político de seus agentes, tende a subjugar qualquer sistema de organização sociopolítica das forças humanas.

Nesse sentido, tanto a visão de mundo democrático-liberal quanto a marxista têm em comum a crença utópica na potência prometeica da técnica moderna, bem como a limitação própria de uma concepção antropológica e instrumental da tecnologia; por essa razão, o "princípio respon-

---

23 Ibid.

sabilidade" de Jonas visa ambas com os argumentos principais de sua crítica, que, no essencial, é uma crítica da utopia irresponsável:

> A crítica da utopia [...] teria sido exageradamente detalhada se o utopismo marxista, em sua estreita aliança com a *técnica*, não representasse uma versão "escatologicamente" radicalizada daquilo para o que o ímpeto tecnológico, de maneira nada escatológica, de todo modo já se encontra em marcha, sob o signo do progresso; isto é, se a *tecnologia*, como poder em si efetivo, não contivesse uma dinâmica *quase utópica*. Assim, pois, a crítica da utopia já era uma crítica da tecnologia na visão antecipada de suas possibilidades extremas[24].

O sucesso econômico do programa baconiano (representado pelo aumento *per capta* da produção de bens com menor dispêndio de trabalho e elevação exponencial do consumo) impulsiona seu sucesso biológico (aumento da população em toda área sob efeito do poder tecnológico, elevação da média de vida). Advém daí uma intensificação sem precedentes no metabolismo entre as sociedades e o meio ambiente natural, que nos aproxima de uma crise ecológica de dimensões apocalípticas.

> A profunda paradoxia do poder criado pelo saber, jamais suspeitada por Bacon, consiste em que ele, na verdade, conduziu a algo como "domínio" sobre a natureza (i. é, a seu aproveita-

---

24 JONAS, H. *Das Princip Verantwortung* – Versuch einer Ethik für die technologische Zivilisation. Frankfurt a. M.: Suhrkamp, 1984, p. 388.

> mento potencializado), mas com isso, ao mesmo tempo, à mais completa sujeição a si mesmo. O poder se tornou autossuficiente, enquanto sua promessa se converteu em ameaça, sua perspectiva de salvação em apocalipse[25].

Nisso se revela a essência da compulsão: ela é uma reprodução ou repetição inexorável, um automatismo essencialmente regressivo. Portanto, para evitar que o derradeiro limite seja posto pela catástrofe, seria necessário alçar-se a uma nova posição de poder, um poder de segunda potência: poder sobre o poder tecnológico. Isso seria superar a impotência que reside na autoimposta compulsão a prosseguir na dinâmica autônoma da objetivação técnico-científica da natureza e da sociedade, confiante na utopia tecnológica do paraíso na Terra; seria renunciar ao delírio de onipotência tecnológica do novo *homo faber*.

> O que se tornou necessário é [...] a superação da impotência diante da compulsão ao poder, compulsão que se alimenta de si mesma, e tem em vista a progressiva utilização daquele poder. Depois que um poder de primeiro grau, tendo se voltado diretamente para uma natureza aparentemente inesgotável, transitou para um poder de segundo grau, que subtraiu aquele primeiro poder ao controle por parte daqueles que dele se aproveitam, torna-se necessário um poder de terceiro grau: a autolimitação do domínio que tritura o dominador, antes de se quebrar nas limitações postas pela natureza; a necessidade, portanto, de um poder sobre aquele poder de

---

25 Ibid., p. 253.

segundo grau, este que já não é mais o poder dos homens, mas o poder do próprio poder, que dita seu uso ao seu pretenso proprietário, tornando-o executor, desprovido de vontade, de seu poder, que, por conseguinte, ao invés de libertar o homem, o torna servo[26].

O que Jonas tem em vista é, portanto, uma radical mudança de postura ética, uma atitude de responsabilidade pelo futuro, que só pode advir da sociedade como um todo, só pode nascer de um sentimento coletivo de responsabilização e temor, capaz de superar a impotência disfarçada em poder compulsivo. Poder-se-ia reconhecer um acerto considerável ao diagnóstico formulado por Hans Jonas, sem, no entanto, chancelar *in totum* a terapia por ele proposta. Esta, com efeito, exige a adesão a pressupostos metafísicos desestabilizados pelos efeitos corrosivos do criticismo contemporâneo, como, por exemplo, sua identificação entre fato e valor, ser e dever.

No entanto, o pensamento de Jonas provê um impulso para a filosofia contemporânea, imprescindível para o enfrentamento de seus principais dilemas, mas também de suas mais urgentes tarefas éticas. Mesmo e sobretudo à sombra da desvalorização sofrida pelas imagens tradicionais do mundo e do homem, é necessário que os novos horizontes da responsabilidade permaneçam abertos para uma postura ético-filosófica e jurídico-política comprometida com as exigências de justiça e equilíbrio para uma sociedade humana distribuída globalmente por toda superfície do planeta.

---

26 Ibid., p. 254.

Trata-se de um compromisso minimalista, em termos de pressupostos e fundamentos: a justiça é pensada, a partir dele, como igual possibilidade de participação na distribuição do mínimo necessário para a condução de uma existência própria de seres humanos, pois os resultados do progresso econômico e cultural da humanidade foram alcançados graças a faculdades e capacitações, foram gerados e desenvolvidos no curso de uma história que implica a totalidade do gênero humano, e que talvez encontre sua forma mais eloquente de expressão no *design* dos polegares humanos invertidos.

Pois, como Nietzsche percebeu com extraordinária precocidade e lucidez, o humano é precisa e propriamente esse vir a ser: a hominização não pode ser pensada como um fato ocorrido num passado remoto, inacessível à memória, mas é um processo que ocorre a cada dia, uma mutação permanente, que vai do paleolítico à era atômica, e daí prossegue no horizonte do infinito. O homem é justamente "o animal não fixado", permanentemente em aberto, um inquieto vetor em direção ao futuro, uma corda estendida sobre um abismo, uma perigosa travessia[27].

Em nossos dias, porém, é indispensável levar em conta que as prerrogativas humanas não podem mais ser tomadas de modo absoluto ao longo desse caminho, valorizadas com exclusividade e desprezo pelo conjunto dos recursos, incalculavelmente pródigos de que elas dependem, e que nos foram

---

27 Cf. NIETZSCHE, F. *Genealogia da moral*, III, 13. São Paulo: Companhia das Letras, 1998, p. 110 [Trad. Paulo César de Souza].

legados por incontáveis milênios de transformação natural de nosso planeta. Não é necessário ser teólogo, nem necessariamente religioso, para compreender a urgência e a necessidade de uma mudança radical de postura ética e política nas relações do homem com a natureza.

Esse reconhecimento foi expresso recentemente também por Jürgen Habermas em seu livro sobre *O futuro da natureza humana* justamente em relação a uma condição natural do ser humano, que talvez seja sua condição mais originária, a raiz de nosso sentimento de liberdade:

> Nós vivenciamos a liberdade própria em referência a algo que, por sua própria natureza, não se encontra à nossa disposição. A pessoa se sabe, desconsiderada sua finitude, como origem irredutível de suas próprias ações e aspirações. Mas, para tanto, tem ela de reportar a proveniência de si mesma a um começo não colocado à disposição de ninguém – portanto, a um começo que só então não prejudica se ele – como Deus ou a natureza – se subtrai à disposição de *outras* pessoas? Também a naturalidade do nascimento desempenha o papel conceitualmente exigido por um tal começo não colocado à disposição de ninguém[28].

É no interior deste contexto que Habermas evoca a filosofia política de Hannah Arendt.

Hannah Arendt – a filósofa da política – enuncia uma renovada confiança na capacidade de ação humana, alicerçada

---

28 HABERMAS, J. *Die Zukunft der menschlichen Natur*. Frankfurt a. M.: Suhrkamp, 2001, p. 101.

numa filosofia amadurecida para as novas tarefas da responsabilidade, libertada do delírio de onipotência. A ação humana não é mera reação, nem se esgota em comportamento. Ela implica, quando autêntica, a possibilidade infinitamente aberta de um novo começo para o existir humano no mundo. Nos termos de Hannah Arendt, esse mistério da natalidade constitui sua verdadeira essência: ser, a cada vez, um começar de novo, um descerramento de mundo.

> O novo começo, que vem ao mundo com todo nascimento, só pode fazer-se valer no mundo porque ao recém-nascido compete a capacidade de, a partir de si mesmo, fazer um novo começo, isto é, de agir. No sentido da iniciativa – colocar um *initium* – encontra-se um elemento do agir em todas as atividades humanas que não diz nada além de que essas atividades são exercidas justamente por seres que vieram ao mundo pelo nascimento e que se encontram sob a condição da natalidade[29].

Esta é uma postura que resgata nossa humildade e nos liberta a *hybris* encoberta pelo moderno delírio de onipotência.

---

29 ARENDT, H. *Vida Activa oder vom tätigen Leben*. Munique: Piper, 1981, p. 15s.

CULTURAL

Administração
Antropologia
Biografias
Comunicação
Dinâmicas e Jogos
Ecologia e Meio Ambiente
Educação e Pedagogia
Filosofia
História
Letras e Literatura
Obras de referência
Política
Psicologia
Saúde e Nutrição
Serviço Social e Trabalho
Sociologia

CATEQUÉTICO PASTORAL

Catequese
  Geral
  Crisma
  Primeira Eucaristia

Pastoral
  Geral
  Sacramental
  Familiar
  Social
  Ensino Religioso Escolar

TEOLÓGICO ESPIRITUAL

Biografias
Devocionários
Espiritualidade e Mística
Espiritualidade Mariana
Franciscanismo
Autoconhecimento
Liturgia
Obras de referência
Sagrada Escritura e Livros Apócrifos

Teologia
  Bíblica
  Histórica
  Prática
  Sistemática

REVISTAS

Concilium
Estudos Bíblicos
Grande Sinal
REB (Revista Eclesiástica Brasileira)
SEDOC (Serviço de Documentação)

VOZES NOBILIS

Uma linha editorial especial, com importantes autores, alto valor agregado e qualidade superior.

VOZES DE BOLSO

Obras clássicas de Ciências Humanas em formato de bolso.

PRODUTOS SAZONAIS

Folhinha do Sagrado Coração de Jesus
Calendário de mesa do Sagrado Coração de Jesus
Agenda do Sagrado Coração de Jesus
Almanaque Santo Antônio
Agendinha
Diário Vozes
Meditações para o dia a dia
Encontro diário com Deus
Guia Litúrgico

CADASTRE-SE
www.vozes.com.br

EDITORA VOZES LTDA.
Rua Frei Luís, 100 – Centro – Cep 25689-900 – Petrópolis, RJ
Tel.: (24) 2233-9000 – Fax: (24) 2231-4676 – E-mail: vendas@vozes.com.br

UNIDADES NO BRASIL: Belo Horizonte, MG – Brasília, DF – Campinas, SP – Cuiabá, MT
Curitiba, PR – Fortaleza, CE – Goiânia, GO – Juiz de Fora, MG
Manaus, AM – Petrópolis, RJ – Porto Alegre, RS – Recife, PE – Rio de Janeiro, RJ
Salvador, BA – São Paulo, SP